A Saumur
par Thomas Portau
1616

(La Première utopie française
Le Royaume d'Antangil, ...
publié par F. Lachèvre)

2062

HISTOIRE

DV GRAND

ET ADMIRA-
BLE ROYAVME
D'ANTANGIL.

Incogneu jusques à present à tous Historiens
& Cosmographes : composé de six vingts
Provinces tref-belles & tref-fertiles. Avec
la description d'icelui, & de sa police nom-
pareille, tant civile que militaire. De l'instruction de la jeunesse. Et de la Religion.

Le tout compris en cinq livres,

Par I. D. M. G. T

A VM EN,
Par Thom. Maire.
M. DC. XVI.

A TRESHAVTS
TRES-PVISSANS
ET TRES-ILLVSTRES
Seigneurs, Messieurs les Estats
des Provinces unies
du païs bas.

ESSIEVRS,

Estant au païs bas, lors que le second dessein fut fait par vos Excellences d'envoier vos flottes aux Indes Orientales pour en rapporter les richesses que ces fertiles terres produisent, & augmenter par tel moien tant les biens du public, que des particuliers à vostre grande louange & perpetuelle memoire ; Il me print envie de m'embarquer sous la conduite de l'Admiral Iaques Corneille Necq afin de pouvoir voir à l'œil les choses rares & admirables que nous lisons en tant d'autheurs modernes, & aussi pour recognoistre & considerer les diverses mœurs & manieres de gouvernemens des Rois,

ã 2

Princes & Republiques qui font en cefte grãde eften-
duë de païs , pour apres en faire mon profit, tant en
fuiant les vices enormes qui pullulent là où le vrai
Dieu n'eft point recogneu , qu'en fuivant les vertus
morales , & les bonnes couftumes conformes à la loy
de nature & du fouverain Dieu , & auſſi par mefme
moien donner à la pofterité les plus dignes pieces de
mes labeurs & obfervations. Et d'autant que felon
la couftume de ceux qui mettent quelque traiƈté en
lumiere , il lui faut donner une adreſſe : I'ai iugé n'en
pouvoir donner une meilleure à ceftui-ci que vos Excellences , tant pour ce que par le moien de la naviga-
tion que i'ai faƶte fur vos vaiſſeaux i'y ai appris ce qui
eft dans ce traiƈté , que pour ce auſſi que voftre flo-
riſſant Eftat ne commençant encore qu'à ietter les
premiers fondemens de fa gloire , vous pourreƶ en
eflevant le corps de cet excellent edifice , vous fervir
des marbres porphyres & albaftres : voire des dia-
vnants, efmeraudes & rubis qui font en ce traiƈté, lefquels ne pourront, eftans bien appliqueƶ, qu'y apporter beaucoup de luftre & ornement. Mais il faut que
vous ſçachieƶ premier que les y colloquer , de quelles
mines ils font tireƶ , & de quelle façon ie les ai mis
enfemble pour les vous prefenter. Sçacheƶ donc,
MESSIEVRS, qu'eftant arrivé à Bandan l'an
1598. ville principale de la grande Iaue , voiant
qu'en peu de temps ie ne pouvoie voir, ni apprendre,
ce que ie m'eftoie promis partant de ces contrées, ie fup-

pliay l'Admiral à qui i'auoie communiqué mon deffein, me vouloir permettre demeurer en ces païs : Ce
qu'il fit auec regret, apres m'auoir proposé tous les in-
conueniens & incommoditez qui me pouuoient advenir, feiournant parmi ces peuples & regions tant
efloignées auec incertitude du retour. Toutesfois telles raifons n'eurent le pouuoir de me diuertir de mon
premier deffein.   Ie demeurai donc auec efperance
qu'apres auoir efté autant de temps que i'auoie defi-
gné , Dieu me prefenteroit quelque moien pour me
retirer au païs. Or pendant le feiour que ie faifoie à
Bandan apprenant la langue Moclaïque & Iauane,
afin de me pouuoir paffer de Truchement, il aduint
un iour que ie m'accoftai d'un marchand Italien nommé Francifco Renuchio fort galant homme, bien ver-
sé aux langues , bon hiftorien & fort entendu, &
practic aux couftumes & manieres de traffique de ces
peuples, lequel apres m'auoir frequenté environ un
an entier , auec toute l'affeurance d'amitié & bons
offices, & receu auffi des reciproques deuoirs de mon
cofté : Il me demanda un iour en me pourmenant , fi
ie prendroie plaifir à vifiter l'Ambaffadeur d'un grãd
Roy Chreftien deuers le Su , qui eftoit venu depuis
quelques iours à Bandan vers fa Maiefté, que c'eftoit
un gentil perfonnage qui voioit volontiers les eftran-
gers,& mefme ceux du cofté de l'Europe qui lui eftoiēt
allez baifer les mains en la compagnie d'un Indien
fon amy. Que fi ie voulois que nous irions enfemble,

& qu'il s'asseuroit que ie n'en pourroie estre que grandement edifié; Ie lui dis que ce me seroit de la faveur,
n'aiant oui parler qu'il y eust ni Roiaume, ni Chre-
stien en ces parties du Su. Le iour assigné, nous ne
faillismes d'aller visiter cest Ambassadeur, lequel
nous trouvasmes autant affable, honneste & courtois
envers nous, que si eussions esté ses esgaux, nous
entretenant sur plusieurs & diverses choses de l'Europe, & principalement du Royaume de France, &
voiant que ie lui respondois assez per: emment sur
plusieurs demandes qu'il me faisoit, en fin, il s'enquit
à l'Italien de quelle nation i'estois, & si ie n'estois
point François : L'Italien l'en aiant asseuré, il me
dit qu'il en estoit tres-aize, afin d'apprendre les particularitez de l'origine & gestes de ces anciens preux,
dont la renommée vole encore à present par tout l'O-
rient. De faço qu'il n'y a peuple qui ne les aie en grande estime & admiration, ie lui dis à l'heure que i'espe-
rois non seulement le contëter en cela, mais encore davantage lui donner la carte & description du Royaume François, & lui discourir des lois, mœurs & bonnes coustumes des peuples qui y habitent, moiennant
qu'il lui pleust aussi faire le semblable, ne me celant aucune chose de ce qui concerneroit le grand & excellent
Royaume d'Antangil dont il venoit : Il me promit de
le faire. Ainsi tous les iours l'Italien & moi y al-
lions aux heures opportunes. Or apres lui avoir dit
tout ce que ie sçavois des regions de par de ça, & avoir

contenté sa curiosité selon ma puissance, il me discou-
rut aussi amplement, tant de l'origine dudit Royaume d'Antangil, que de la description des Provinces,
des choses rares qui sont en icelles, de la police civile
& militaire, de la nourriture de la ieunesse, & de
quelques principaux poincts de la Religion & formalitez d'icelle. Ce qu'aiant compris tellement quelle-
ment par le moien de ce Renuchio, ie le mis par memoires à mon retour ainsi comme ie le presente à vos Excellences, & si ce n'est avec tel style & ornement
qu'une matiere si haute & excellente monstre le me-
riter ; Excusez la labilité de ma memoire, laquelle
pour ceste heure ne m'a rien peu representer davantage, & aussi que ceux qui font profession des armes ne
sont pour l'ordinaire si delicats & excellés escrivains:
Bien vous peux-ie asseurer que ce discours est rapporté
avec telle verité & sincerité que ie l'ai appris de cest
Ambassadeur. S'il advient donc que vos Excellences en reçoivent quelque plaisir & utilité, i'en aurai
infini contentement, comme celui qui ne desire rien
tant au monde que l'heureux progrés & advancemēt
de vos tres-hauts & heroiques desseins, & en cette
asseurance ie desire demeurer à tousiours,

MESSIEVRS,

Vostre tres-humble & affectionné serviteur,
I.   D.   M.   G.   T.

Table des lieux principaux tant des villes que rivieres du grand Royaume d'Antangil.

Fin de la Table.

LE GRAND ROYAVME DANTANGIL·

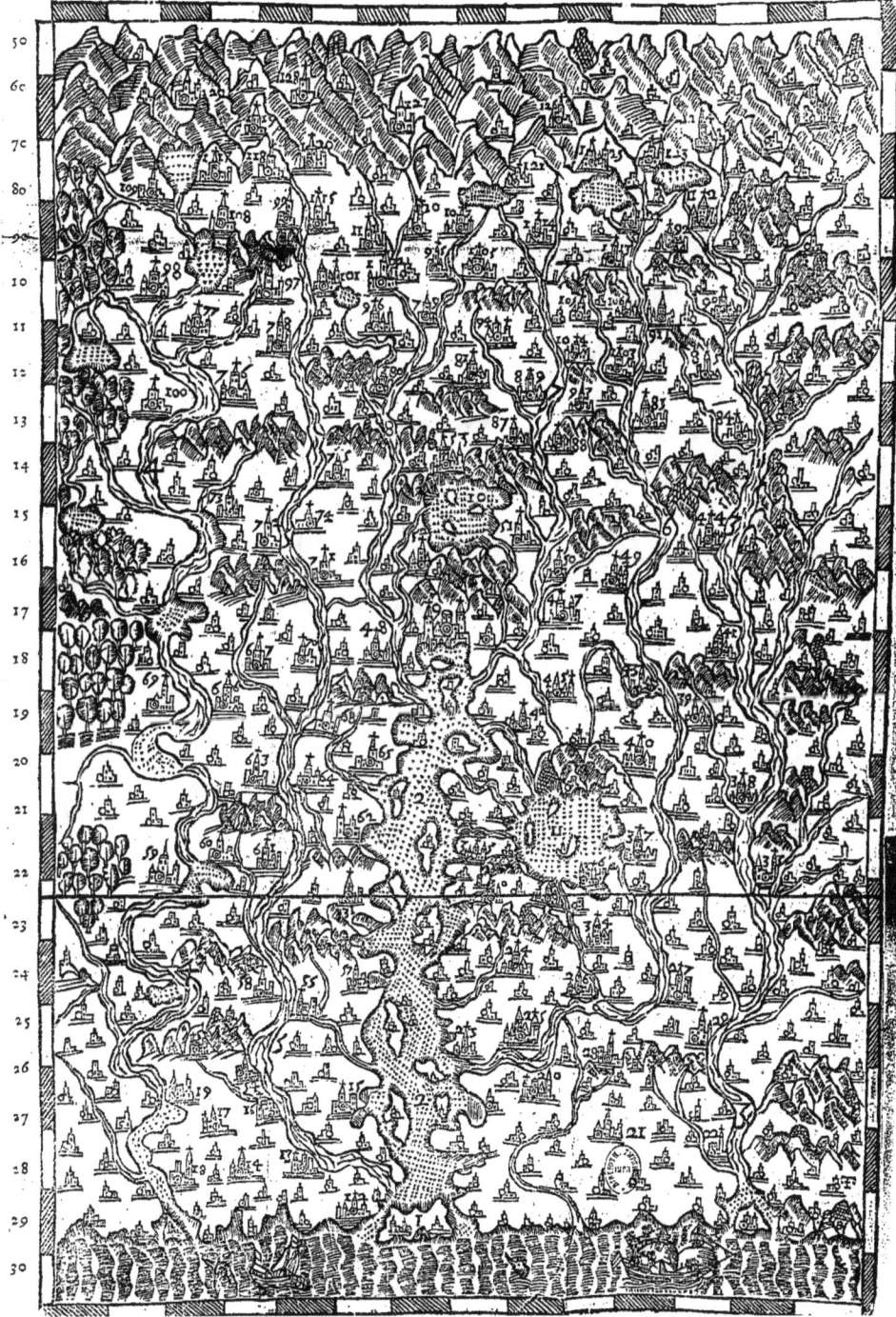

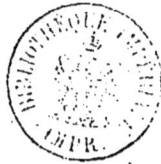

LIVRE PREMIER

TRAITTANT DE LA DESCRIPTION DV grand & admirable Royaume d'Antangil.

De la situation du Royaume d'Antangil, avec les limites d'icelui.

CHAP. I.

LE grand & fleuriſſant Royaume d'Antangil, incognu juſques à preſent aux anciens Hiſtoriens & Coſmographes, mais toutesfois tres-fameux aux regions de Chine, Taprobane & Iava, eſt ſitué au Su de la grande Iave ; ſa longueur s'eſtend ſix degrez par deça le Tropique de Capricorne, & le Oueſt vers le Pole Antarctique juſqu'au 50. degré, qui ſeroit 22. degrez en tout, revenans à trois cens trente licuës ; Sa largeur eſt un peu moins de deux cens, tellement que ſa

A

figure eſt comme quarré longuet,& contient
de tour mille ſoixante lieuës.

Il eſt limité du coſté de noſtre Pole de la
grand' mer des Indes : De l'Antarctique de
certaines hautes montagnes tousjours pleines de neige, nommées Sariché , habitées de
gens fort barbares & cruels : De l'Eſt, d'un
grand fleuve nommé Iarrit, qui va tomber en
la mer des Indes. De l'Oueſt, d'un autre fleuve nommé Bachi. Par le milieu ſe fait un
grand Goulphe nommé Pachinquir, lequel
s'eſtend juſques à cent lieuës dans les terres,
faiſant pluſieurs belles anſes,ports,rades & iſles: Sa largeur eſt de dix-ſept lieuës, recevant
quatre grands fleuves, leſquels, apres avoir
couru la pluſpart de ce Royaume, ſe deſgor-
gent en icelui : ce qui le rend merveilleuſement fertile, plaiſant & agreable , pour eſtre
tous navigables & d'une longue courſe , a-
vec mille autres petites rivieres, lacs , fontaines & ruiſſeaux, leſquels les augmentét grandement, comme nous les deſcrirons ci-apres
plus particulierement.

Toute cette grande eſtenduë de païs eſt
diviſée en ſix vingts Provinces, autant de villes capitales, & en une infinité d'autres villes,
bourgs,& villages qui en deſpédent,deſquel-
les la principale, nommée Sangil, eſt ſituée au

bout du Goulphe de Pachinquir , comme
au centre du Royaume, aiant veüe fur mer &
fur terre , afin d'ordonner en mefme temps
les affaires de l'une & de l'autre, de façon que
l'on peut juger par cette fimple defcription,
combien Dieu & la Nature fe font deleétez
en cette excelléte difpofition. Paffons maintenant aux particularitez.

De l'Air & de fon temperament.

CHAP. II.

PVis que ce grand Royaume s'eftend en fa
longueur du Pole Antarctique, jufques à
fix degrez par deça le Tropique de Capricorne, il eft neceffaire que les climats varient de
nature & de qualité ; & qu'eftans ainfi varia-
bles & divers, qu'ils reçoivét auffi divers tem-
peramens & diverfes influéces ; ce qui le rend
d'autant plus delectable & riche, poffedant
lui feul tout ce que les autres contrées n'ont
qu'en partie.

Les païs qui font par de là le cinquantief-
me degré de la ligne font froids & fecs, opu-
lens en pafturages, beftail, & de moien rapport quant aux bleds & fruiéts. Ceux qui

font tirant à la ligne font plus temperez, il y pleut aſſez fouvent, & l'Eſté y eſt beaucoup plus chaud.　Ceux qui s'avoiſinent du Tropic font exceſſifs en chaleur & ſiccité, il y pleut rarement & y tirent des vents eſtouffez qui apportent grand ennui & incommodité aux habitans de celle region, & aux circonvoiſins.　Quant à l'hyver, il eſt de fort peu de durée, comme d'un mois, ou deux.

Paſſé le Tropic (contre la reigle des anciens) l'air y eſt plus temperé, pluvieux & humide, tant à cauſe de la longueur des nuicts, du voiſinage de la mer, que des vents qui font frais & temperez, de quel coſté qu'ils puiſſent venir, horſmis du Levant.

De la Mer, Goulphe, Lac, fleuves, riveres &
fontaines.

CHAP. III.

LA Mer des Indes, côme nous avons desja dit, fert de bornes & limites du coſté de la ligne, elle eſt rude, tempeſtueuſe & profonde, ne faiſant aucunes anſes, & n'y a aucuns ports, ſinon deux, aux entrées des fleuves qui le limitent d'Orient & d'Occident,

tout le reste de la coste estant plein de bancs
& rochers, de façon qu'il n'y a moien d'abor-
der ce Royaume que par les deux entrées suf-
dites, ou celle du goulphe de Pachinquir
doux & tranquille, comme le nom le porte,
lequel à cent lieuës de longueur, faisant diverses anses, ports & rades, côme nous avons
dit, les meilleures de tout le monde : car par
ses divers contours & isles qui le couvrent,
les ondes se viennent à rompre, & le vent à
perdre sa force, & par consequent à faire abril
de tous costez, de maniere qu'il semble plû-
tost un lac, ou une grande riviere que non
pas une mer. Son fond est la pluspart vaseux,
ou argilleux, auquel il fait fort bon ancrer: Sa
largeur est de douze lieuës, & son embouf-
cheure de vingt : mais une grande isle nommée *Corylée* en occupe les seize, de façon qu'il
n'en reste que quatre pour les deux embouf-
cheures, lesquelles ont de fond quinze brasses
sans aucuns escueils, bancs ni seches avec un
rocher coupé par le derriere de l'isle, qui fait
quatre beaux ports, donnant l'abril & retrai-
cte asseurée aux vaisseaux, soudain qu'ils ont
franchi les destroicts.

Tout du long il y a plusieurs isles plaisantes
& fertiles de diverses formes & grandeurs,
dont on pourra apprendre les noms dans la

A 3

la carte miſe au commencement de ce livre
ſans en dire davantage en ce lieu.

Le fleuve Iarri, qui limite ce Royaume du
coſté d'Orient, à de courſe autant qu'il contient & d'auantage, venant de certaines mõ-
tagnes par de la celles de Salices, il eſt merveilleuſement rapide paſſant par païs hauts
mõtueux & rompus. Il ne s'eſgaie nullement
paſſé trẽte lieuës approchant de ſa ſource. Ses
rives ſont hautes & droiétes pleines de durs
rochers, il ne laiſſe pourtant d'eſtre naviga-
ble, principalement en deſcendant, mais en
montant il y a beaucoup de peine: Il entre en
l'Occean Indique à quelque neuf lieuës de
l'entrée du goulphe par deux embouſchures
faiſant au milieu une iſle de quelque cincq
lieuës & demie de circuit de forme triangu-
laire.

Le fleuve Bachir limite ce Royaume à
l'Occident, tout ainſi que Iarri fait au levant,
& au contraire de l'autre eſt lent & tardif, faiſant pluſieurs paluds, lacs & mareſcages avec
forces prairies en ces rivages qui ne ſont de
peu d'utilité pour les paſturages. Il ſe navige
quaſi juſques à la ſource avec grands batteaux à voile. Sa courſe eſt eſgale à l'autre, ſe
deſchargeant auſſi en l'Ocean Indique à pareille diſtãce de ſoixãte huiét lieuës par deux

emboucl·ures avec une belle ifle au milieu,
contenant de tour fix lieuës ou environ.

Le troifiefme fleuve nommé Patigi,prend
fon origine aux mefmes montagnes Salices
courant entre le goulphe & Bachir , lequel
eft beau à merveilles, n'eftant ny rapide , ny
lent,n'y marefcageux,mais pafsât d'une courfe egalement temperée, fait un canal d'environ un quart de lieuë de large profond & uni
fur lequel on peut naviger de toutes façons.
Les navires & barques de cents tonneaux cin
glent jufques vis à vis de Sangil;Plufieurs autres fleuves accompagnent fes ondes jufques
dans le goulphe à quelque dix lieuës de l'é-
boucheure du cofté du levant.

Le quatriefme fleuve nommé Alagir, préd
fon origine de trois grands lacs, qui font aux
pieds des hautes montagnes de Salices , &
court entre Iarri & le goulphe de mefme que
Bachir il eft un peu plus rapide , paffant par
des terres legeres & fablôneufes;fon canal eft
fort eftendu & divers,on le navige à voiles
& à rames. Plufieuts autres fleuves de mefme nature s'adioignent à lui & puis s'en vont
defcharger dans le goulphe à quelque trente
quatre lieuës de l'emboucheure.

Outre cés quatre fleuves principaux en-
trant plus avant en païs, il s'en trouve deux

A 4

autres deſcendans des montagnes ſuſdites,
leſquels n'ôt pas davantage de ſix vingt lieuës
de courſe, mais ſont de beaucoup plus pro-
fonds & larges que les autres, venans tomber
juſtement au bort, du goulphe à ſix lieuës à
coſté de Sâgil, L'un ſe nomme Nochi, & l'autre Lauris. Pluſieurs autres belles rivieres entrent en iceux qui rendent cette contrée la
plus plaiſante & fertile du Royaume,

Auſurplus il y a un grãd lac, à quelque vingt
lieuës de Sangil , contenant environ cinquante lieuës de circuit, borné d'un coſté de
hautes montagnes & de l'autre de petits co-
ſtaux verdoiants & fertiles avec nombre de
prairies entrecoupées de divers canaux clairs
& limpides. D'ailleurs il contient pluſieurs
Iſles belles à merveilles qui ſont les delices &
côtentemës du Roy, & des grãds de la Cour.

Il ſe trouve un autre grand lac qui contient
environ de quatre vingt quinze lieuës de tour
entre le goulphe & A lagir, à quelque quarante & cincq lieuës de Sangil, lequel iette
une grande quantité d'eau. Il ſe voit en ce
lac des choſes merveilleuſes , & ſe deſgorge
par trois canaux dans le Goulphe & dans
Alagir: Il fait auſſi pluſieurs grandes iſles; ſes
bords ſont entrecoupés par certains intervales faiſans des ouvertures de prairies, monta-

gnes & rochers fort agreables , dont fortent
plufieurs fources d'eaux chaudes, fulphurées,
vitriolées, alumineufes, aurées & ferrugineu-
fes, a caufe de quoi les Roys ont fait baftir
plufieurs fomptueux edifices , tant pour leur
particulier contentement, que pour l'utilité
de leurs fubieɛts, lefquels recoivent de grands
foulagemens en beaucoup d'infirmitez.

De la terre & nature d'icelle.

CHAP. IV.

TOVT ce qui eft voifin des hautes
montagnes de Salices font terres
de fituation haute & feiche , rap-
portans quantité defroment, feigle & avoine
fort e bois de chaîne , fapins, melezes , pins,
chataigners, pommiers, poiriers, mefliers, cor-
miers, allifiers, & autres fortes d'arbres aimans
le païs froid.

Les hautes montagnes abondent en toutes
fortes de mineraux comme or, argent, cuivre
efttain, plomb, & fer, & auffi en demi mineraux, comme foulphre, vitriol , alun, cinabre,
antimoine & marcafites. Quant aux autres
lieux qui font entre le grand lac & la fin du

goulphe, il font fi abondans & fertiles , qu'il
feroit impoffible de les efpuifer de bleds, vins
& toutes fortes de frnicts, & qui plus eft tref-
grande quantité de pierreries fe tirent aux
montagnes qui font à l'entour de ce lac, les
meilleures & plus fines que l'on puiffe re-
couvrer en toutes les Indes, dont il fe fait un
grand & riche trafic, de façon que par telles
richeffes les affaires publiques peuvent eftre
fouftenues fans charger le peuple.

Les perles fe pefchent à l'entrée du goulphe en grande quantité dont les unes font
blanches & claires comme celles que nous
voions en noftre Europe, les autres incarnat-
tes & brillantes comme rubis & efcarboucles
mais elles font fort cheres, d'autant qu'elles
font rares & prifées de tous les grands. L'Ambaffadeur d'Antangil m'en monftra un couple, dont il vouloit faire prefent de la part de
fon maiftre au Roy de Bandan , lefquelles eftoient en forme de poire de la groffeur d'un
gland qu'ils n'eftimoit pas moins de dix mille
efcus, & me dit que le Roi en avoit un millier
de plus belles, car on ne les ofe vendre fans
premierement les lui avoir prefentées.

Quant aux autres Provinces qui font par
de la le Tropique, on y cueille des bleds, du
mays, du ris & d'excellents vins.   Aux lieux

montueux & hauts, des orenges, limons, gre-
nades d'extreme groſſeur & generalement de
tous les fruicts qui ſe trouvent aux Indes,
comme Cocos, Annanas, bonanas, mangoas,
betel, palmites, mirabolans, canelle poivre,
gyrophle, gingembre, maſtic, benioin, graine
guaiac, breſil & pluſieurs autres fruicts, bois &
drogues exquiſes.

A l'entrée du goulphe au milieu de l'iſle
Corylée, y a un Vulcan, ou Veſnue, qui jette
continuellement une flamme de la hauteur
d'un clocher, laquelle on voit à la mer de
plus de trente lieuës ; de façon qu'il n'a eſté
beſoin baſtir aucun phar, pour remarquer
l'entrée de ce goulphe, y en aiant un naturel
le plus merveilleux qui ſoit en tout le monde
l'iſle ne laiſſant pour cela d'eſtre fort fertile
& habitée, y aiant deux bonnes villes aux
deux bouts avec force bourgs & villages.
C'eſt en ce lieu ou la pluſpart du temps les ga-
ieres qui ſont à la garde du goulphe & de la
coſte font leur reſidence, à cauſe que de là, ils
deſcouvrent tout ce qui entre & ſort des rivieres & du goulphe.

Des poiſſons & monſtres marins.

Chap. V.

OVTRE les poiſſons que nous a-
vons par deçà, dont tous les fleuves & lacs ſont tres-bien garnis,
les parties des fleuves ſituez ſous
le Tropique ſont pleines de cocodrilles de
prodigieuſe grandeur, contenãs en longueur
plus de dix braſſes, leſquels font quelquesfois
dõmage au beſtail qui paiſt le long des bords.
Il y a des hyppodromes, ou chevaux marins
fiers & cruels; de grands ſerpens de toutes
couleurs, qui excedẽt ſix braſſes en longueur,
leſquels ne ſont ni dangereux, ni veneneux,
mais quaſi de la nature des tortues.

On y voit de neuf ou dix ſortes de lezards
& petits cocodrilles qui repairent ordinairement ſur la rive des fleuves, eſtans les uns gris,
tachetez de jaulne, les autres vords, autres
bluaſtres, ſemez d'eſtoiles cõmme dorées:
Autres ſont rouges comme eſcarlatte, eſtans
quaſi tous de deux braſſes de long: les chaſ-
ſeurs les tuent & mangent comme un maits
fort delicat & ſavoureux, beaucoup meilleur

que les coqs d'indes,& chapons.

Dans le milieu de ce Goulphe, il se trouve plusieurs animaux estranges outre les susdits, dont je n'avoie jamais oui parler qu'à cet Ambassadeur, entre lesquels il y en a un grand, comme un cheval, & quasi d'un mesme corsage, aiant le museau d'un lion , les crins & poil lui couvrant la teste & la moitié du devant, le reste du corps estãt escaillé,& aiant de grãdes griphes cõme les tygres , il est amphibie,vivãt en terre & en eau, & est si viste, qu'il n'y a animal qui se puisse sauver devant lui à la fuite; Mais nature lui a donné ceste proprieté, d'aimer beaucoup mieux le poisson que nõ pas la chair, c'est pourquoi on ne le voit gueres s'esloigner des rades, & ce qui est plus à admirer, c'est qu'il ne s'attaque jamais aux hommes, mais aussi en recompense ne lui font-ils pas la guerre, estans bien aise de le voir pourmener, sauter & gambader sur le rivage; Ils ont opinion qu'il vit de petits lezards & cocodrilles & autres animaux de telle espece. Souvent ils sont veus combattre , non sans grande delectation des spectateurs, contre de grands cocodrilles , dont ils viennent bravement à bout, combien qu'ils soient plus petits, par leur grande force,courage & subtilité.

Quand aux Bonites, Albocores, Dorades,

Tortues & grandes Baleines, elles y ſont en
grâde quantité, eſtât ce goulphe le plus poiſ-
ſonneux, dont on aie encores oui parler. Outre cela, il y a des Conches, ou anguilles de
mer d'exceſſive grandeur, comme de quarante braſſes, & de quatre ou ſix de groſſeur, leſquelles ſe joüans au milieu des ondes ont ren-
verſé maints batteaux & barques de moienne grandeur.

Quant aux poiſſons volans, il y en a fort
peü, d'autant qu'ils n'abandonnenc la ligne
Equinoctiale de ſi loin, toutesfois le ſoleil revenant à toucher le Tropique, on en voit en
plus grande quantité & en prend-on quelques uns.

***

Des animaux terreſtres.
CHAP. VI.

LES hautes montagnes Sarichées
qui bornent ce Royaume au Pole
Antarctique, ſont pleines d'Ours,
tant noirs que blancs, leſquels exe-
dent dix pieds de longueur & ſix de groſſeur:
Les Rongiferes ou Eſlans y ſont les plus
beaux & plus grands qu'on pourroit voir, exe-
dans deux fois la groſſeur d'un bœuf, les che-
vreulx, chamois, dains, loups-cerviers, re-

nards & tels autres animaux y font auffi en
auffi grande quantité qu'on fçauroit defirer
avec force lievres, blereaux, marmoltes &
Marttes fublines. Venant à la pleine & fur
le milieu du Royaume, il fe trouve des cerfs,
chevreuls, dains, lievres, conils & renards.
Semblablement defcendant vers le Tropique, on y trouve des lions, tygres & onces furieux, des bœufs, chevaux & afnes fauvages,
des Elephans, Chameaux, Gazeles & Auftri-
ches.

Quant aux chevaux, afnes & mulets, ils
font beaucoup plus excellens que ceux d'E-
gypte, Perfe & Hefpagne. Tous les habitans
prennent avec raifon grand plaifir à la chaffe,
y aiant tant de fortes de fauvagine pour les
exercer. Voila quant aux animaux terreftres
defquels maintenant il me fouvient.

Des Oyfeaux.

CHAP. VII.

'ON diroit à voir la quantité &
diverfité des oifeaux qui font en
ces contrées, que c'eft le propre &
particulier lieu, auquel Dieu le

Createur leur a apprefté leur nourriture, ou
qu'il vueille donner ce contentement aux
habitans de ce Royaume par deffus les autres
peuples, de les voir chanter, & voler en l'air.
Car toutes fortes d'oifeaux de rapine que
nous avons, comme Aigles, Faucons, Au-
tours, Sacres, Gerfaux, Tagaraux, Efperviers,
Efmerillons & Auberaux y font leurs haires
& y demeurent continuellement.

Les oifeaux d'eau, comme Canards, Sar-
celles, Cormorans, plongeons & Pinguins y
couvrent les rivieres, comme les Herons, Paf-
les & Aigrettes les bords : les Cignes y vont
à troupe de plus de deux ou trois cents, eftans
defendu à peine de rigoureux chaftiment de
non les tuer.

Les perdris, Cailles, Tourdes, Faifans,
Corbigeaux, & telles fortes d'oifeaux y font
en bon nombre.

Les Perroquets & Corbeaux d'Inde y font
fi variablement peincts de diverfes couleurs
que l'efprit en demeure comme ravi en con-
templant de fi rares chefs d'œuvre.

Les Oifeaux de paradis qu'on nomme Ma-
mucos, dont perfonne ne fçait l'origine par
de ça, fe voient pendus aux Caneliers & Gi-
rofliers, les femelles couvants leurs petits fur
le dos des mafles, vivans de la manne, rofée,
& bonnes

& bonnes odeurs. Ceſt Ambaſſadeur m'a aſ-
ſeuré en avoir veu apporter au Roy des vivans avec leurs petits, afin qu'en ſoiez plus a-
certenez. Voila donc quant à la principale
deſcription tant de la ſituation & temperatu-
re de ce treſ-puiſſant & treſ-fleuriſſant Royaume, que de l'air, eau, terre, fruicts & animaux qui s'y trouvent. Maintenant il eſt
temps de paſſer à la police.

LIVRE SECOND
DE L'EXCELLENTE PO-
lice de cet Empire, tant en general qu'en particulier.

De la confuſion en laquelle eſtoient toutes les Pro-
vinces de ceſt Empire, auparavant qu'elles fuſſent
ioinctes enſemble, & du moïe qu'on tint à les unir.

CHAP. I.

IL y a quelque deux mille
deux cents ans que toute cette grande eſtenduë de païs
que nous avõs deſcrite eſtoit poſ-
ſedée par divers Roys, Princes,

B

Seigneurs & republiques, lesquelles tant pour
le mauvais ordre qu'ils tenoient en leur gouvernement, que pour la pluralité de commã-
deurs, estoient continuellement en perpetu-
elles guerres & debats , aiant rendu quasi la
terre deserte par batailles & massacres ordinaires , qui se faisoient entr'eux , a cause de
l'ambition & jalousie qu'un chascun avoit de
son estat. Enfin les plus sages ennuiés de ce
continuel desordre , voians leur ruine toute
evidente, s'assemblerent avec les Roys, Princes, & Ambassadeurs des republiques en lieu
neutre & de seur accés, jurans entr'eux par
tous les Dieux qu'ils adoroient vouloir tenir
& observer inviolablement ce qui seroit reso-
lu & determiné en cette saincte assemblée.
Ce qu'estant fait chascun proposa la maniere
de gouvernement qu'il jugeoit la plus propre
utile & convenable pour la conservation tant
de la Noblesse , habitants des villes que du
menu peuple.

En fin toutes choses pesées , debattues &
meurement considerées, ils ordonnerent l'e-
stat de cette fleurrissante Monarchie en la
maniere que nous deduirons cy apres, qui fust
telle qu'il faut croire que Dieu ennemi de
tout desordre & confusion presidoit en cette
venerable assemblée, n'estant possible que des

esprits humains eussent peu reduire des affai-
tant deplorées en une telle perfection que depuis deux milles deux cents ans il n'aie esté
besoin remuer changer, ou alterer aucune des
loix, statuts & polices qui pour lors furent ordonnez. Ce qui ne s'est point veu n'y verra
en Royaume, n'y Monarchie aucune tant
bien gouvernée & policée puisse elle estre.

De la division de ces Royaumes. Principautez & re-
publiques en Provinces de l'establisse-
ment des villes capitales & de
leur authorité.

CHAP. II.

LA premiere ordonnance qu'on fist
feust que tout ce grand continent
de terre en laquelle il y avoit tant de
diverses dominations, seroit reuni
en un seul Royaume, lequel on nommeroit
Antangil qui signifie grace celeste, d'autant
qu'on s'estoit si bien accordé à jetter les fondemens de ce permanent & invincible empire, sans avoir aucun esgard à la perte que
chacun y pouvoit avoir fait en particulier de
son authorité & souveraine puissance.

Apres il adviſerẽt de le diviſer en ſix vingts
Provinces, chacune deſquelles auroit une ville capitale qui porteroit le nom de ſa Province, & ſoubs icelle ſeroient cents autres 'tant
villes que parroiſſes, ſur leſquelles elles auroit
puiſſance & authorité de iuger en dernier reſſort.

Ce fait: il fuſt commandé que toutes les
maiſons tant de ces villes capitales, que des
autres villes bourgs & villages qui en relevẽt,
ſeroient diviſées par dizaines, Centaines, milliers, dizaine de milliers & centaine de milliers, ſi la grandeur & amplitude des villes le
permettoit & que ſur chaſcune dizaine de
maiſons le plus ſuffiſant & habile pere de famille commandaſt ſur les dix autres, aiant eſgard ſur leurs mœurs, les reprenant & accu-
ſant, & ſçeut à point nõmé iuſques à un liard
la valeur de leur biens tant meubles que immeubles. Qu'il empeſchaſt au ſurplus les noi-
ſes & debats qui pouroient ſurvenir entre les
familles, les fiſt travailler & vivre avec l'ordre
& modeſtie requiſe à gens de bien, & s'il advenoit que ceux qui ſont ſous ſa dizaine ne
vouluſſent obeïr, ou qu'il ſe preſentaſt quelque different difficile à decider, il appẽllaſt
ſon Centenier & les autres neuf Dizainiers,
leſquels eſtans aſſemblez vuidaſſent la que-

ſtion & puniſſent ſur le chant celui qui auroit deſobei de toute autre peine que de la
mort, laquelle eſt reſervée aux ſeuls Iuges
ſouverains, & ſi la choſe eſtoit encore de plus
grande conſequence le Centenier eſt tenu le
faire ſçavoir au milenier, lequel aſſemblant
ſes dix Centeniers, en prend cognoiſſance &
termine l'affaire, s'il eſt poſſible, ſinon, il en advertit le dixmilenier qui aſſéble auſſi ſes milé-
niers & s'il eſt beſoin en donne advis au Cent-
milenier & tous enſemble terminent le different le tout ſans qu'il ſoit licite prendre aucun
ſalaire, ou preſent à peine de la vie.

Ceſte façon de proceder coupe chemin à
un monde de differens & procez qu'on voit
naiſtre de rien, leſquels par ce moien ſont eſtouffez en leur naiſſance, ſans gráde difficulté.

Du Conſeil des Eſtats & pourquoi il fuſt eſtabli.

CHAP. III.

ESTE diviſion des provinces faite,
& les villes, bourgs & villages, divi-
ſez par dizaines, centaines, miliers
dizaine de miliers & centaine de
miliers, il feuſt ordonné, trois hommes ſigna-

B 3

lez, prudents , fages & advifez de chafcune
province,fçavoir un noble,un citoien de ville
&un pour les bourgs & villages lefquels affé-
blez feroient le nombre de trois cents & foi-
xante que l'on nommeroit le corps des Eftats
generaux, lequel reprefenteroit tout le public & feroit perpetuelle refidence en Sangil
pour donner confeil & advis au Roy & à fon
côfeil de toutes chofe qu'il les sêbleroit utile
& honorable pour la chofe publique côfentir
ou rejetter ce qui leur plairoit , recevoir les
mandemens de fa Majefté , les envoier aux
Provinces & remonftrer au confeil ce dont
les provinces les auroient chargez & faire en
fin comme fi tout le public eftoit affemblé.

En outre on ordonnaft que chafcun des
deputez feroit veftu des couleurs de fa pro-
vince& porteroit les armes des villescapitales
fur la poictrine & fur le dos avec le nô d'icelle,
afin qu'ô les recogneuft,& que tels ornemens
rédiffent la Cour plus illuftre & magnifique.

Leurs charges furent limitees a un an feulement,tant pour obuier aux corruptions qui
fe gliffent par la trop longue prolonguation
des eftats & offices,que auffi pour rendre plus
de gens capables de manier les affaires & recognoiftre par l'adminiftration d'iceux leur
valeur & merite.

Du Conseil de la Maiesté Royal.

CHAP.

TOVS ces grans Politiques voians qu'il ne suffisoit d'avoir establi le conseil des provinces d'autant qu'advenant entr'eux quelque notable different, il n'y auauroit personne qui les peust accorder & aussi que changeans tous les ans, il seroient comme nouveaux aux affaires d'Estat & ne seroit mesme si suffisant qu'un petit nombre esleu & trié d'entre tous les plus capables de toutes les provinces.

Meus de eette consideration, ils se resolurent donc d'eslire cents grands & sçavants personnages les premiers du Royaume, non en richesses, credit & pouvoir mais en suffisance & bonté d'esprit, amateurs du bien public plus que de leur particulier, estans au moins aagez de quarante ans, d'autant que la eunesse n'est nullement propre à gouverner mais plustost à precipiter, combien qu'il s'en puisse trouvez de modestes, sages & advisez, toutesfois cela est fort rare, & ne peuvét avoir

B 4

l'experience que le temps & les affaires donnent, & d'autant que le Roy & ce conſeil ne
doivent faire qu'un ſeul corps & que ſans icelui, il ne peut diſpoſer de choſes importantes
à l'Eſtat, on le nommaſt conſeil de ſa Majeſté
Royale lui donnant ſouveraine authorité, côme deſlire le Roy, ou Viceroy, diſpoſer de la
paix & de la guerre, des finances, ſubſides,
confirmer, ou infirmer les Alliances, ou en
faire des nouvelles, eſlire les Iuges, les deſpo-
ſer & chaſtier s'ils delinquent en leur charges
& meſme le Roy & Viceroy s'ils attentoient
à remuer, ou innover, aucune choſe en l'Eſtat,
ou à ne faire ce qui auroit eſté ordonné par
eux. Bref toute puiſſance ſouveraine leur eſt
donnée horſmis quand il va de l'intereſt des
Provinces, auquel cas le conſeil des Eſtats à
voix deliberative pour l'accorder, refuſer, ou
modefier.

Tous ces venerables Senateurs ſont veſtus
d'une robbe lôgue de velours cramoiſi parſe-
mée de broderie d'or à fleurons avec un chapeau de meſme couleur, couvert auſſi de broderie accompagné d'un cordon d'or & de
ſoie blanche, les pentoufles ſont de meſme
eſtoffe & couleur, leur ſoutane eſt de ſatin
blanc.

Quant à ce qui eſt de leur entretien; le pu-

blic leur donne par an deux mille efcus de gage avec un magnifique logis pres du palais
Royal. Outre cela ils ont encores quelques
preſens honorables tant des Princes & Republiques voifines que de la liberalité des Provinces, qu'ils apportent tous les ans à Sangil
en recognoiſſance des merites & bons ſervices qu'ils rendent à l'Eſtat, leſquels ſont di-
ſtribués eſgalement à tous. De façon qu'ils
peuvent vivre fort honorablement & com-
modement ſuivant l'honneur & dignité en
laquelle ils ſont colloquez.

Du Roy, de ſa puiſſance & de l'Eſtat que le public lui
donne pour ſon entretenement.

CHAP. V.

A plus grande difficulté qu'on
trouvaſſ en ceſte nouvelle creation d'office, fuſt aſſavoir ſi on
devoit eſlire un Roi, & qu'elle
authorité on lui devoit donner.
Les uns abſoluement n'en vouloient point
du tout; diſans que s'il eſt ainſi que les hommes qui ſont ſous la puiſſance des loix pour la

mauvaiſe inclination de leur nature corrom-
püe ne laiſſent pour la crainte d'icelles, de faire mal & ſe laiſſer gliſſer à toutes ſortes de vices, combien qu'ils voient les chaſtiemés pre-
pares devant leur yeux, que ſera-ce donc d'un
Roy, diſoient-ils, qui n'a rien par deſſus lui?
qui diſpoſe des biens & des perſonnes de ſes
ſuiects comme il lui plaiſt? Il eſt certes difficile & preſque impoſſible qu'il ſe comporte cō-
me il doit alleguans à ce propos une infinité
d'exemples des Royaumes leurs voiſins, auſquels il ne s'eſt veu aucun bon Roy en quatre
ou cincq cents ans.

Les autres tenoient qu'il en falloit neceſ-
ſairement avoir un tant pour approcher le
plus que faire ſe pourroit du gouvernement
de ce grand univers regi par un ſeul Monarque, qu'acauſe que ce qui s'approchoit plus
pres de l'unité, eſtoit touſjours le plus parfaict
d'autant que toutes conſultations reviennent
touſjours à une ſeule & unique opinion; Que
outre ſes raiſons, il failloit contenter les peuples (leſquels avoient accouſtumé de vivre
ſoubs des Roys) leur en donnant un, ſinon en
effect, au moins en apparence. Que l'ambition ſaiſiroit incontinent les Eſprits du Senat
à qui commanderoit abſoluement, ne voiants
aucun par deſſus eux qui refrenaſt leur cupi-

dités, qu'il seroit donc meilleur pour leur
oster ce pretexte de division establir un superieur & plusieurs autres raisons tendans à
mesmes fins.

La question bien agitée de part & d'autre,
finalement on en revint à ce point qu'on esli-
roit un Roy qui presideroit au Sénat & en
toutes asséblées, aiant authorité de proposer
recuillir les voix & prononcer la sentence,
recevoir les Ambassadeurs & les pacquets, fai
re response en la presence toutesfois des Sé-
nateurs, ou d'une partie, commander aux ar-
méeslors qu'il y iroit en personne, disposer entierement de larget que le public lui donne-
roit pour son entretenement qui seroit de
cents mille escus. Quant au reste des finances, il ne lui seroit licite d'y toucher aucunement mais seroient maniées par gens à ce cō-
mis par lui & le Senat, comme nous dirons cy
apres.

D'ailleurs il n'auroit pouvoir de donner
grace à qui que ce fust, n'y aussi d'ordonner
aucun chastiment, si ce n'est à la guerre, encore faudroit-il que ce fust avec l'advis de dix
Senateurs, qui seroient commis pour l'assister
de conseil & aussi pour prendre garde à ses actions, depeur que par quelque presomption
ou faute de courage, il n'apportast du prejudice à la chose publique:

De la magnificence du Roy quand il ſort en public.

CHAP. VI.

'E s t une choſe bien ſeante à un grand Prince, & à toute perſonne d'autorité, d'eſtre honorablement veſtu & accompagné quand il paroiſt en public. Car le luſtre des habits & la pompeuſe ſuitte apportent je ne ſçai quel reſpeĉt & reverence, d'autant que l'honneur preſuppoſant honneur (dont tels ornemens ſont partie) on juge que telles perſonnes ſont pleines auſſi de vertu & de merites, puis qu'ils en portent les marques & enſeignes.

C'eſt pourquoi il fut ordonné que quand le Roy ſortiroit de ſon palais pour venir au Conſeil, il ſeroit veſtu d'une robbe de toile d'or cramoiſi ſurfriſée & brodée par devant & à l'entour avec la ſoutane de meſme, mais plus legere; la chemiſe à collet brodé d'or & de ſoie cramoiſie, les pantouflés de toile d'or brodées, avec la couronne d'or en teſte faite à fleurons, parſemez de riches diamans, rubis & perles portant le ſceptre à la main de meſme fabrique.

Quand il est en son particulier, il va vestu
de telle façon qu'il lui plaist sans aucun appa-
rat ni contrainéte. Or quand il est necessaire
de sortir en public, soit pour aller au conseil,
recevoir quelque Ambassadeur, voir les jeux
aux Theatres, ou quelques autres passe-téps,
voici l'ordre qu'on tient.

Premierement marchent mille soldats dix
à dix, avec leurs Milleniers, Centeniers, Lieutenans & Enseignes, armez à la façon que
nous dirons quand nous parlerons de l'ordre
des gens de guerre. Apres ces mille soldats
suivent quatre mille Gentils-hommes nourris & entretenus en l'Academie aux despéds
du public sous leurs Chef & Capitaines,
quelquesfois armez, autresfois non, ainsi qu'il
plaist au Roi en ordonner. En suitte viennét
vingt & quatre joueurs d'instruments tant de
Haubois, que Sacqueboutes, Cornets à bouquins, & telles autres sortes d'instruments, vestus de draps rouges avec les armoiries du
Roi, devant & derriere & sur le reste du chát
la figure de l'instrument duquel ils jouent,
faite en broderie afin de les mieux discerner,
lesquels sonnent par intervalle. Apres marchent autant de bons Trompettes vestus de
la façon que dessus, puis six herauts d'armes
avec leurs mandilles de velours cramoisi cou-

vertes de broderie d'or avec les armes du Roi
parſemées de langues & billets eſcrits, pour
monſtrer qu'ils ſont Meſſagers & Porte-paro-
le de ſa Majeſté.

Cela paſſé ſuivent douze Commis veſtus
d'eſcarlate, aſſavoir quatre du Chancelier,
quatre du Threſorier & quatre du Secretaire, tous avec leurs marques, du ſeau, des plumes & de la monnoie, dont ils ſont admini-
ſtrateurs.

En apres ſuit le Chancelier, le Secretaire
& le Threſorier, tous d'un rang, chacun couvert d'une robbe de velours cramoiſi violet
brodé d'or, le fond deſquelles eſt parſemé auſſi des marques de leur profeſſion, leurs chapeaux ſont de meſme velours en broderie a-
vec cordons d'or.

Iceux paſſez, viennent deux jeunes hommes veſtus de longues robbes de ſatin blanc
brodées d'or, dont l'un d'iceux tient une eſpée nuë en une main, & l'autre des balances
d'argent doré : Le premier ſignifiât la rigueur
de la Iuſtice, l'autre, l'equité. Ils ont un voile blanc devant les yeux pour ſignifier qu'en
ce Royaume on n'a acception de perſonne.

Apres, ſuivent trois jeunes pages magnifi-
quement veſtus de velours violet en broderie, dont l'un porte l'eſpée & l'habillement

de tefte paré de belles plumes: L'autre la rondache & la cuiraffe: Le troifiefme les braffarts
& les taffettes ; lefquelles armes font dorées,
gravées & enlevées en boffe, garnies de quelques pierreries par intervalle de grand prix &
valeur.

Six pas apres fuit la Majefté du Roy marchant gravement à la façon que nous l'avons
figuré.

Apres lui fuivent deux à deux les cent Senateurs, le Vice-roi eftant au premier rang & les
autres comme ils fe rencontrent fans aucune
preference.

Pres de ceux-ci, ou à peu de diftance marchent les deputez des Provinces, qu'on nomme le Confeil des Eftats avec chacun leurs
bannieres devant eux, portées par leurs gens,
aufquelles font figurées les armes & devifes
des Prouinces.

Apres vient le Maiftre des ceremonies accompagné de fix Officiers, lefquels marchent
tantoft devant , tantoft à cofté pour faire
marcher chacun en belle ordonnance.

Sur la fin pour ferrer la queue fuiuent de
fort pres mille autres foldats marchants avec
mefme ordre que les premiers.

Ainfi en ce fomptueux & magnifique equipage marche ce grand Roy , où il lui plaift. Si

le lieu eſt diſtant, il va à cheval, & auſſi tou
le Senat & Conſeil des Eſtats avec les autre
Officiers. Si le Roy va à la chaſſe, ou fait au
tre exercices & pourmenades, on ne tient au
cun ordre, mais un chaſcun y eſt peſle-meſle,
compagnonnant avec lui en toutes ſortes de
diſcours & facetieuſes rencontres, ſe donná
tous les plaiſirs, dont il ſe peut adviſer.

De l'ordre qu'on tient à la maiſon du Roy & de l
deſpenſe ordinaire de lui & de ſes Officiers.

CHAP. VII.

NCORES que ce grand Prin-
ce ne diſpoſe des finances ſelon
ſa volonté à cauſe des inconve-
nients qui en pourroient arri-
ver, les deſpendans, comme
beaucoup d'autres en vanitez, bomban-
ces & prodigalitez, ſi eſt-ce que le public lui
donnant cent mille eſcus d'eſtat, il peut tenir
une fort honorable maiſon, voire magnifique
& ſomptueuſe. Sa table eſt lógue à tenir trente perſonnes, ſervie à trois ſervices & non
plus, partie de groſſes viandes & partie de
menues, ainſi que plus facilement elles ſe re-
couvrent

couvrent fans aucune fuperfluité.

Il n'a pour tout que deux Maiftres d'Autel,
& deux Gentils-hommes fervans , l'un qui
fert à la table , l'autre qui lui donne à boire,
fix cuifiniers , deux fommeliers, deux panne-
tiers, un boulanger, deux fruictiers & un pourvoieur, un argentier, trois valets de chambre,
& deux de garderobbe, deux Medecins, &
deux Efcuiers, l'un pour drefler les grands
chevaux, l'autre pour le fuivre à la chafle. Il a
dix pages & dix laquais , & ne tient pas davantage que quinze grands chevaux, & autât
de coureurs, chevaux de chafle & haquenées,
trois caroffes à fix chevaux chafcun.

Tous ces Officiers fervent d'ordinaire , &
non pas par quartiers, afin d'obvier à la fuperfluité & grande defpenfe. Outre cela il a encore un grand fauconnier lequel eft obligé
entretenir fix picqueurs, douzes chevaux, &
cinquante pieces d'oifeaux de toutes fortes,
pour la fomme de trois mille efcus par an.

Voila à peu pres l'equipage de ce Prince, lequel fe donne autant de plaifir , qu'autre qui
foit au monde avec peu de frais, y aiant une
infinité de Seigneurs, lefquels le viennent a-
border, lors qu'il va aux champs, qui augmen-
tent bien le nombre des oifeaux & des chiés,
lui faifant prefét des meilleurs, de façon qu'il

C

n'en achepte aucunement, ni n'en fait nourrir, non plus que de chevaux, qui lui font pre-
fentez en tref-grande quantité.

Du palais Royal & de fa fabrique.

CHAP. VIII.

SVR le bord du port, & à l'afpect de
la grande place, eft le palais roial, lequel contient environ cinq cens pas
de tour, eftant parfaitement quarré & d'un
ordre corinthe, avec pilaftres qui vont depuis le haut jufques au bas, combien qu'il foit
à trois eftages : Car les grandes pieces en matiere de baftimés fomptueux, font beaucoup
plus convenables que les petites, d'autāt que
les grandes paroiffent de pres & de loin, con-
tentans fort la veuë, ou les petites decoupées
& delicates font feulement agreables de pres,
& ont toufjours du petit, quelque richement
eflabourées puiffent elles eftre.

Les feneftrages font ornez felon que cet
ordre le requiert, avec corniches, frontons &
modelons. Quant aux portiques, il y en a quatre, affavoir par le milieu de chafque faffade,
fouftenu de quatre groffes colomnes, lefquel-

les fe jettent en faillie avec leurs corniches &
frontons & deux niches entre lefdites colomnes.

Sur chafcun des frontons il y a une grande
figure couchée, dont l'une reprefente la juftice, l'autre la prudence. Dans les niches il y en
a deux autres, de la force & de la temperance.
Au milieu de ces deux frontons eft la figure
du Roi affife armée de toutes pieces, nuë tefte, l'efpée à la main.

Par le milieu du frontifpice eft une grande
table de marbre noir, ou font gravez en lettres de bronze doré, des tiltres à la louange
du Roy, & du public.

La faffade du dedans eft toute de mefme
ordre avec pareils portiques garnis de figures,
lefquelles ont autre fignification, horfmis
qu'entre les pylaftres font toutes arcades &
longues galeries pour pourmener les Courtifans, & ceux qui ont affaire au palais.

Le deuxiefme eftage eft comparti en quatre grandes fales, toutes diverfifiées d'ornemens de menuiferie & parquetages dorez &
elevez en boffe, avec d'excellentes peintures
par les intervalles, reprefentãs les chofes tant
civiles que militaires, qui ont efté faites par
le paffé en cette Repuplique, afin que felon la
qualité des Princes qui envoient leurs Am-

baſſadeurs, on les reçoive avec plus ou moin.
de magnificence, ou meſme ſelon les matieres qui ſe preſentent on aſſemble le conſeil,
tantoſt en un lieu, tantoſt en l'autre.

Au bout de chaſque ſale, il y a un haut tribunal eſlevé de ſix degrez, orné de menüiſe-
rie relevée & dorée, avec les ſieges de velours
verd couvert de broderie; Plus bas de deux
degrez eſt un banc qui eſt en demi cercle, cõ-
tenant toute la largeur de la ſale (car telles ſales ſont en ovalle par un bout) tout doré par
haut, & couvert de velours verd, avec des ſe-
parations en maniere de chere.

Deux degrez plus bas eſt un autre banc qui
ſuit, couvert auſſi de meſme que deſſus:le ſurplus de la ſale eſt entourné de ſix degrez tout
au tour, en maniere d'Amphitheatre, aſſez
hauts pour s'aſſeoir, comme d'un pied & demi, & large de deux.

Quant au reſte du palais, ce ſont belles chã-
bres,ſales moiennes, galleries & cabinets fort
embellis de peinctures & de tous ornemens,
où les amis, ou parens du Roy, ou bien quelque Prince eſtranger loge.

Le deſſus de ce palais eſt en terraſſe,cou-
vert de pierre,& tellement cimenté que l'eau
ne peut penetrer aucunemét les voutes, mais
coule en bas par certains petits canaux par

dedans les murailles.

Ceste terrasse est garnie tout au tour de ma
gnifiques accoudoirs appuiez & soustenus de
balustres artistement eslabourez : De là on
peut tout d'un coup voir la mer, le port &
tous les vaisseaux, avec la place, la ville, &
pour le moins dix lieuës à la ronde, jusques
aux montagnes qui bornent le lac.

C'est en ce lieu où sa Majesté & les Senateurs se viennent souvent pourmener, tant à
cause de la serenité de l'air, que pour contenter la veuë, par l'aspect de tant d'objects varia-
bles, magnifiques & plaisans.

Des bonnes coustumes & exercices du Roy.

CHAP. IX.

D'AVTANT qu'il n'y a rien qui face tant prosperer les Royaumes &
Republiques, qu'avoir devant les
yeux la crainte, respect & obeissan-
qu'on doit à la divine Majesté, dés que le Roy
est levé (depuis que le Royaume a embrassé
le Christianisme) qui est à cinq heures preci-
sement en tout temps. Vn Evesque tres-do-
cte & elegant, entre en sa chambre, là où pre-

C 3

nant occaſion ſur quelque paſſage de l'Eſcriture, le fait reſſouvenir de ſon devoir envers
Dieu, & ſon peuple, l'exhorte à la vertu,
lui deprime le vice, le louant s'il a faict quelque action genereuſe & honneſte, le reprenant auſſi ſemblablement s'il recognoiſt qu'il
aie failli en quelque choſe.

Ces ſainctes admonitions eſtant finies, la
muſique entre, laquelle chante la pauſe d'un
Pſalme, & apres l'on fait une briefve priere,
puis il ſe leve: Si c'eſt iour de conſeil, la cloche du palais aiant ſonné, il s'y en va iuſques
à neuf heures, ſelon l'importace & l'ongueur
des affaires: L'aſſemblée eſtant levée, il s'en
va en l'Academie, en laquelle la jeuneſſe eſt
nourrie & inſtruicte, & là s'exerce juſques
onze heures à tout ce qu'il lui plaiſt le plus,
puis aiant changé de chemiſe, il s'en retourne diſner avec ceux qui auparavant avoient
eſté conviez, qui ſont ordinairement ou Senateurs, ou deputez des Eſtats, ou quelques
Princes & Seigneurs, tant eſtrangers que de
la Cour. Là il ſe traicte quelques queſtions
ſubtiles & facetieuſes, ou on parle des exercices, ou bien on prend plaiſir aux divers ac-
cords des voix, & inſtrumens de muſique.

Le diſner acoompli, on donne louange à
Dieu en muſique comme on a fait à l'entrée

puis entrent les Mathematiciens, ingenieux
& inventeurs de nouveaux artifices : lesquels
discourent & demonstrent par figures leurs
diverses conceptions l'espace d'une heure, laquelle finie, sa Majesté se transporte en une
grande sale, avec quelques uns du Conseil,
pour donner audience à ceux qui voudroient
parler à lui, & recevoir leurs pacquets, qui se
donnent tousjours devant qu'on commence
à parler.

Cela expedié, s'il y a côseil, il s'y en va sinon
il se retire en sa chambre, pour lire, joüer, ou
passer le temps à ce qu'il lui plaist.

Le soir venu, il s'en reva sur les 3. heures à l'A-
cademie faire le mesme exercice, qu'au matin, en revenant il visite le port & l'Arsenac,
préd lägue des marcháds qui viénét d'estráge
païs pour apprendre quelques nouvelles des
païs voisins. Autresfois il va visiter les bôs artisans, quelquesfois il se va pourmener sur la
mer le long des rades & rivages.

Les cinq heures sonnées, il s'en va souper
assez legerement, & si c'est l'esté il s'en va encores derechef en l'Academie voir joüer à la
basle forcée, courir franchir les fossez, sauter
la jartiere, danser & tels autres exercices de
la jeunesse.

La nuict venue on lui fait une exhortation

ainſi qu'au matin, chantant un Pſalme & ren-
dant graces à l'Eternel des bienfaicts receus
tant par le paſſé qu'a c'eſte preſente journée,
le priant les lui continuer de plus en plus, pendant le cours de ſa vie.

Voila l'ordre qu'il tient en temps de paix &
de repos: Mais ſurvenant la guerre il ſe dif-
penſe d'une partie de ces exercices obſervant
toutesfois en tout temps ce qui eſt de la picté
& cult divin.

De la maniere d'aſſembler le Conſeil de leur Seances
& comme les affaires ſe poſent.

CHAP. X

V AND il eſt neceſſaire d'aſſembler le conſeil, on fait ſonner par trois fois une groſſe cloche, qui eſt au hault d'une tour
à ſix eſtages laquelle eſt au coin
de la place, qu'on peut ouïr de plus de trois
lieuës.

A la fin du dernier coup tous les Senateurs
(qui ſont logez autour de la grande place en
ſuperbes palais que le public leur donne auſſi
toſt qu'ils ſont appelez en cette ſupreme di-

gnité, tant pour les honorer , que pour eſtre plus pres de ſa Majeſté) s'acheminent au palais Royal accōpagné ſeulement dequelques uns de leur gens avec la robbe longue ſans aucunes armes.

Chacun en arrivant en la ſale s'aſſied ſur le premier banc qui ſe contourne en croiſſant, moitié à d'extre, moitié à gauche du ſiege Royal.

Le Roy ſe met auſſi en ſon tribunal aiant la robbe Royale & couronne ſur la teſte.

Au devāt de ſa Majeſté y a une table couverte d'un tapis de velours verd , avec du papier & un eſcritoire, afin de cotter les opinions d'un chacun, où quelque notable ſentence.

Au deſſoubs de ceſte table , il y a un ſiege avec une autre table, où ſont aſſis le Chancelier, le Secretaire & le Threſorier veſtus de leur robbes longues:

Au deſſoubs de leurs pieds eſt le Greffier avec deux commis pour enregiſtrer tous les actes. Sur le ſecond & troiſieſme banc au deſſoubs des Senateurs ſont aſſis les deputez des provinces , ſur tous les autres degrez par de la ce demi cercle en tirant abas ſur les ſix degrez & par le milieu de la ſale , eſt toute la nobleſſe & jeuneſſe de l'Academie quand il ſe traicte de choſes communes, comme, de fi-

nance, de la police & reiglement , afin d'apprendre par les refolutions de tant d'excellents perfonnages, comme ils devront juger
& gouverner, l'ors qu'ils feront appellez aux
charges publiques , eftant bien la meilleure
efchole ou ils puiffent former leur jugement.
C'eft pourquoi il eft ordonné que ceux qui
fortiront nouvellement de l'Academie , affiftent pour le moins deux ans au confeil d'E-
ftat devant qu'entrer en charge : Mais lors
qu'on delibere des chofes fecrettes & d'importance concernant l'Eftat il n'eft permis à
aucun d'y affifter, finon aux Senateurs & deputez.

Lors que fa Majefté eft affife avec fon confeil, elle propofe s'il lui plaift, ou bien commã-
de au Chancelier de le faire, fi qu'eftant executé, les premiers Senateurs du cofté droit di-
fét par ordre chacun leur opiniõ, & apres eux,
ceux du cofté gauche : s'il y a de la difficulté
chacun difpute & côtefte comme il lui plaift,
iufques à tant que l'on revienne à une ou
deux opinions, ou bien à une tierce meflée,
demandant auffi l'advis à Meffieurs des E-
ftats. Car fi c'eft chofe qui concerne les Provinces, un chafcun d'eux peut dire auffi fon
opinion fans eftre interrompu. Car fi la chofe ne leur plaift, elle n'eft nullement faite que

fi elle eft approuvée, il faut que toutes les Provinces paffent par la, attendu qu'ils ont toute charge & pouvoir d'icelles : Ce qu'eftant fait un Huiffier porte un balotier compofé de deux vafes de bois, l'un coloré de blanc, l'autre de rouge joincts enfemble par un commun canal, long environ d'un pied, par où celui qui veut donner fon advis, met le bras avec la balotte à la main, la laiffant tomber dans le rouge s'il ne confent à la chofe propofée, ou s'il l'admet, il la laiffe tomber dans le blanc, commençant premierement au Roy, puis au Chancelier, Secretaire & Threforiers, & apres à tous les Senateurs par ordre & auffi aux deputez, fi la chofe concerne les Provinces, autrement non:

Apres avoir fait cefte procedure par troisfois fçavoir fur les trois opinions des deux cõtraires & de la moienne modifiée, l'Huyffier rapporte les vafes devant le Roy, la ou ils font contez dans un grand plat par le Chancelier & deux des Senateurs, & foudain apres la volonté d'un chafcun recognue par le plus grãd nombre des balottes, l'arreft eft prononcé par le Roy, ou Chancelier, lequel eft efcrit par le Greffier.

Voila à peu pres l'ordre que l'on tient en ce Confeil tant en la feance que à propofer &

recueillir les opinions d'un chaſcun:

Du choix & election des Iuges qu'on envoie aux
Provinces.

CHAP. XI.

LA choſe à quoi on eut plus d'eſgard apres la creation du Roy &
des grands Magiſtrats, fuſt de faire
choix de tous les plus ſçavans per-
ſonnages, tant en Philoſophie qu'en Iuriſpru-
dence, remarquables pour leur ſincerité, pieté & integrité de vie, eſloignez d'avarice &
amateurs du bien public.

De toute cette troupe on eſleut aucuns des
plus capables pour eſtre Preſidens ; Autres
pour eſtre Conſeillers; Autres pour ſervir de
Procureurs & Advocats aux parties.

Ce qu'eſtant fait on mit tous les noms par
billets eſgaux de ceux qui doivent preſider,
dans l'une des trois queſſes faites à cet uſage;
ceux des Conſeillers dans la ſeconde: & ceux
des Advocats & Procureurs dãs la troiſieſme.

Le jour eſtant venu qu'on devoit envoier
les Magiſtrats aux Provinces: Tous les ſuſdits
Comparoiſſans devant le Roy & ſon conſeil,

Le fecretaire par le commandement de fa
Majefté tire le billet d'un Prefident de la premiere queffe, fix Confeillers de la feconde, &
vingts Advocats de la troifiefme, le tout pour
la ville capitale & Province de Ságil, pourveu
qu'ils ne fuffent de la dite Province, & n'euf-
fent aucune affinité & parenté: Car en ce cas
leurs billets font remis dans les queffes, & en
retire on d'autres de nouveau: & confecutive-
ment on procede ainfi pour toute les autres
villes capitales & Provinces.

Les habits de Prefidens font de fine farge
d'efcarlatte à manches larges avec le chapeau
de velours cramoifi & les pentouffles de mefme couleur, la foutane de tafetas violet ; les
robbes font parfemées des armes Royales.

Celles des Confeillers font de farge violette à manches éftroittes avec foutane de camelot de foie leurs pantouffles & chapeaux font
de mefme couleur, ils portent des chapperons
rouges fur l'efpaule femés des armes du Roy
en broderie d'or.

Quant aux Advocats ils font veftus de longues robbes de telle couleur qu'il leur plaift,
hormis de celles des Prefidens & Côfeillers.

Les Prefidens menent tousjours avec eux
un Greffier veftu de violet pour enregiftrer
toutes les fentences & arrefts, & en donner,

ſur le chãt les copies aux parties,ſans d'icelles
en recevoir aucun ſalaire, & auſſi ſix Sergens
pour faire executer les mandemẽns, leſquels
ſont veſtus de blu avec chapeaux rouges;auſ-
quels eſt attachée une image du Roy d'argẽt
doré,& une autre penduë au col avec un cordon de ſoie cramoiſie afin que par telle remar-
que, perſonne naie ſubiect de s'excuſer les
aiant offenſés.

· Tous ces Magiſtrats eſtans ainſi tirés au ſort,
il ſe fait une ſuperbe monſtre par la ville ou-
tous les Deputez d'une chaſcune Province,
aiant leur Preſident à main droite & les Cõ-
ſeillers & advocats en ſuitte,marchent deux à
deux, aiant l'enſeigne de leur Province de-
ploiée devant eux,allant comme cela tous enſemble à l'Amphitheatre,ou il ſe fait pluſieurs
ſortes de jeux,cõbats,luittes,chaſſes de lyons,
d'ours, tygres taureaux, & autres beſtes fu-
rieuſes,avec danſes & ſauts, d'une merveil-
leuſe agilité & diſpoſition:

Ce qu'eſtant continué par ſix jours & autant de feſtins publics, auſquels ils ſont ma-
gnifiquement ſervis,le Roy & ſon Senat y aſ-
ſiſtants continuellement, chacun s'en va au
lieu,ou ils ſont deſtinez, aiant pouvoir & authorité,tel que noüs dirõs cy apres, ſans qu'ils
puiſſent mener plus de deux ſerviteurs cha-

cun, eſtât defraiez par le public, non ſeulemét
à l'Allée & au retour, mais auſſi pendant le
temps de leur demeure & adminiſtration de
leur charge.

Quelle authorité & puiſſance ont les Preſidens &
Conſeillers envoiez aux Provinces.

CHAP. XII.

REMIEREMENT les Conſeil-
lers & Preſidens ont pouvoir de
juger en dernier reſſort, des cauſes tant civiles que criminelles,
horſmis des crimes de leze Maje-
ſté, & attentats contre le Prince & l'Eſtat,
dont ſeulement ils doivent informer, inſtruire le procés, & l'envoier au Senat.

Ils ont de plus puiſſance ſur tous autres Magiſtrats inferieurs, ſoit de les ſuſpendre, depo-
ſer, ou faire chaſtier, & pollicer la Province.
D'abondant ils ont eſgard ſur les Eccleſiaſtiques en ce qui côcerne la police & les mœurs,
juſques à les condamner en toutes peines, s'ils
ſe laiſſent couler aux vices. Car en ce Roiaume l'Egliſe n'a aucun droit de juſtice tempo-
relle, non plus que les Levites entre les Iuifs,

& les Eveſques en la primitive Egliſe, mais
le tout eſt deferé aux Iuges ſeculiers.

De plus, les Preſidens ſont encore comme
Vice-rois, recevãs les pacquets de ſa Majeſté,
& faiſans entendre ſa volonté, tant aux chefs
de gens de guerre, de la police, que des finances. C'eſt devant eux auſſi que les contes des
Receveurs & Threſoriers des Provinces ſont
rendus, & qui donnent l'eſtat à ceux qui entrent en charge apres eux, de l'argent qui eſt
aux coffres publics, de façon que tant l'office
de Preſidens que de Conſeilliers, ſont treſ-
honorables & de grande authorité.

Le Roy donne à tels Preſidens mille eſcus
pour leurs vacquations, outre leur entretien
cinq cens aux Conſeilliers, deux cens aux
Greffiers, & cinquante à leurs Commis, &
trente aux Sergens.

Outre ces gages ne leur eſt permis prendre
aucun preſent, à peine d'eſtre declarez inha-
biles de tenir office, & eſtre bannis pour iamais hors du Royaume: ou ſi le mal eſt grand,
aux galeres ou à la potence ſans remiſſion, car
là il ne ſe donne aucune grace, ni meſme n'eſt
licite à aucun interceder pour les criminels,
de peur que l'iniquité tolerée ne rede le meſ-
chant plus inveteré en ſa malice, le peuple vi-
cieux, & le Prince & la Republique coulpa-
ble devant

ble devãt Dieu, de l'impunité de tels crimes.

De quelle façon la Iustice est exercée, & avec quelles
circonstances.

CHAP. XIII.

'IL naist quelque controverse,
ou procés entre personnes, soit
de villes, villages, ou des Nobles,
les Dixeniers tascherõt premierement à y donner ordre, & à les
appoincter, s'il ne le peuvent, & que la cause soit outre leur portée, ils en donneront advis aux Centeniers civils, qui appelleront
tous leurs Dizeniers, & feront le mesme que
les Dizeniers. Que si ils ne le peuvent, & que
la cause soit de trop grande importance, & les
parties de difficile convention, il leur sera
permis d'aller devant les Iuges de la ville capitale de la Province.
Si c'est entre Nobles & Roturiers, d'autant
que les Nobles sont ordinairement superbes
& hauts à la main, & qui ne voudroient estre
ugez par gẽs de basse qualité, le Noble prendra trois de ses amis, & le Paisant son Centenier & deux Dizeniers, lesquels les metrront

D

à un du different , s'il y a moien , ſinon ils ſe
pourvoiront devant les Iuges. Le demandeur
faiſant aſſigner ſa partie à huictaine ou quin-
zaine ſelon qu'il lui plaira , ou il faut qu'elle
comparoiſſe,ou gens pour elle,ſans aucun delai, ou bien à defaut ſera forcloſe de ſes de-
fenſes. Eſtant arrivé il ſe preſente devant les
Iuges, leſquels leur donnent un Advocat, à
qui ils communiquent chaſcun à part leurs
raiſons , & lui donnent leurs pieces & ſacs en
main,afin qu'il les voie & rapporte à l'audience à huictaine,quinzaine, ou dans un mois au
plus tard , ſelon le terme & delai qu'on aura
donné aux parties.　Ce temps expiré il faut
qu'elles ſe repreſentent en l'audience, , pour
ouir le rapport de l'Advocat: pour reprendre,
s'ils veulent , les obmiſſions qu'il pourroit a-
voir fait, ou alleguer nouvelles raiſons , & de-
fenſes s'ils en ont.

　Ce qu'eſtant fait, les parties ſortent, puis
les Conſeillers un à un opinent tout haut,
tant afin que chaſcun recognoiſſe de quel
pied ils marchent en iuſtice , comme pour inſtruire les ieunes Aduocats & Gentils-hommes qui les accompagnent aux Provinces.

　Les advis recueillis on fait r'entrer les parties pour ouir prononcer leur ſentence , afin
que s'il y a quelque choſe mal entendu ou

ambiguité en l'Arreſt , qu'il ſoit eſclairci , &
mis en mots plus intelligibles & ſignificatifs,
dont la copie leur eſt en meſme temps deli-
vrée , & ſignée du Preſident & des Conſeillers,pour obvier aux fraudes que pourroit faire le Greffier, ſi l'Arreſt ſe delivroit quelque
temps apres , comme on fait en beaucoup de
lieux.

Quãd aux procés criminels, voici cõme on
y procede. Si quelqu'un a tué, ou bleſſé, ou
commis quelque autre crime , il eſt ordonné
que ceux des villes ou villages, où le delict
s'eſt perpetré, aient ſoudain a apprehender le
mal-faicteur, demandans main forte s'il eſt
neceſſaire, aux Centeniers & Dizeniers du
lieu : A quoi ſoudain faut qu'ils obeiſſent, à
peine de dix eſcus d'amende à chaſcun , &
meſme d'eſtre chaſtié corporellemét, ſi le cri-
minel eſchappoit par leur faute.Que s'il eva-
de,ſans qu'il y aille de la faute des pourſuivãs,
le Centenier eſt obligé le pourſuivre promptement juſques à la parroiſſe voiſine, & en
donner auſſi advis au Centenier d'icelle, qui
ait ſonner la cloche , aſſemble le peuple , &
prend autant de gens qu'il lui eſt neceſſaire
pour continuer la pourſuite juſques à la plus
proche parroiſſe, ainſi que l'autre a fait.

De ceſte façon, il eſt pourſuivi de lieu en

lieu, jufques hors du Royaume, s'il peut autã
fuir fans eftre apprehendé : Mais il advient
tref-rarement qu'aucun efchappe, tant à caufe qu'ils font vivement pourfuivis , comme
aufli pour la peine eftablie aux receleurs, femblable à celle que devroient fouffrir tels delinquans eftans apprehendez.

S'il eft pris , il eft mené de parroiffe en parroiffe; jufques au lieu où il a commis le crime,
auquel lieu fon procés lui eft fait & parfait,
par le Iuge Royal delegué fur dix parroiffes,
qui n'eft de peu d'authorité , comme nous dirons en fon lieu, & de là eft envoié pieds &
poings liez à la ville Provinciale , avec le procés & les tefmoings, où eftant arrivé devant
les Iuges, on lui donne un Advocat pour l'ac-
cufer, auquel on met le procés en main, & un
autre pour le defendre, à qui aufli l'accufateur
communique les pieces, puis à jour dit, il eft
mené en pleine Audience, où apres avoir oui
les accufations & defenfes de part & d'autre,
il eft iugé.

S'il advient qu'il foit condamné à eftre
fouëtté , les bourreaux qui font là prefens,
l'empoignent, & le lient à un pofteau ou colomne , qui eft devant le Tribunal, & là lui
donnent autant de coups qu'il eft ordonné
& non plus, avec nerfs , & longues pieces de

euir de bœuf emmanchées en du bois. Si aux
galeres, ou aux mines, il est reservé aux prisons. Si à mort, renvoié sur le lieu du delict
passant par le milieu de la ville, la corde au
col & les fers aux pieds, afin de donner plus
de crainte & terreur aux meschans.

S'il a quelques biens, il paie les frais au Centenier qui la mené, si non, c'est la communau-
té de la parroisse : Mais il y a tousiours fort
peu de despens : Car chaque Centenir de
parroisse en parroisse est obligé de donner es-
corte de soldats à celui qui le meine, soit à
l'allée, soit au retour : De façon qu'en ce païs
là, on est pendu à fort bon marché.

Les corps des criminels sont enterrez 24.
heures apres l'execution, estimans entre
eux chose deshonneste & inhumaine, de voir
telles afreuses charongnes en l'air, se confor-
mans en cela à la Loi divine, laquelle commande donner sepulture à ceux qui ont esté
desfaits par justice, & ce qui est encore de
plus humain en ce peuple, c'est qu'ils n'ont
que deux sortes de supplices, assavoir la corde
& l'espée. Car quand aux cruelles gehennes,
elles sont defenduës, n'estimans pas que la
parole forcée & extorquée par la violence
des tormens, soit suffisante preuve à verifier
les delicts. Car les innocens & timides qui

D 3

ont peu de courage, y demeurent, & les forts
& conftans quoi que coulpables, enfortent
francs & libres.

Du Palais où demeurent les Iuges dans chaque ville
prouinciale, & de leur feances.

CHAP. XIV.

E N chafcune ville capitale, il y
a un magnifique palais, auquel
loge le Prefident, les Confeilliers & tout le refte des Officiers, au bout d'une grande
place quarrée, contenant deux cens pas de
tour, d'une Architecture dorique, avec un
beau portique, devant lequel font relevez en
bofle, les armes & figures du Roy; le deffous
eft tout de galeries & arcades, pour pourmener à couvert ceux qui ont des affaires aux palais.

Au fecond eftage eft une grande fale quarrée par un bout, & en ovale de l'autre, où font
des fieges en rond, avec un Tribunal relevé
de deux degrez pour le Prefident, le tout orné de menuiferie & tapifferie de drap avec les
armes de fa Maiefté : Au refte de la fale y a

fix degrez qui regnent tout à l'entour, pour
affeoir les affiftans. Car encores qu'il n'y ait
tant de Iuges qui puiffent occuper les places,
on le fait à caufe qu'ils ferventà tenir le confeil, lors que le Roy & le Senat vifitent les
Provinces, qui eft quafi tous les deux ans: Les
autres coftez font deftinez pour le logement
du Prefident, Confeilliers, Greffiers, Commis
& Sergens.

Quelques autres fales font refervées pour
mettre par ordre les tiltres & enfeignemens
de la Province.

Quant à leur feance, le Prefident fe met
fur le Tribunal, avec la moitié des Confeilliers à droiɛte, & l'autre à gauche, aiant une
table couverte d'un tapis d'efcarlate devant
lui, fur lequel il y a du papier & une efcritoi-
re, pour cotter (tout ainfi que fait le Roy) les
Arrefts & fentences notables.

Le Greffier eft à fes pieds avec fes deux
commis, aiant une table avec un tapis devant
lui, les Sergens plus bas, armez de hallebarde,
efpée & poignard, & deux executeurs pres la
colomne, leurs fouëts à la main : lefquels au
moindre commandement du Prefident, def-
pouillent & chaftient les delinquans.

Touchant les Advocats, ils font aux fieges
plus bas, & lors qu'ils veulent parler, ils mon-

D 4

ſtent en hautes chaires à ſix degrez, qui ſont
aux deux coſtez des Iuges, afin d'eſtre mieux
entendus d'un chaſcun.

Si le Preſident va par la ville, les deux executeurs vont devant avec fouëts & verges en-
tortillées enſemble : Les Sergens ſuivent a-
pres de deux en deux, puis le Greffier & ſes
Commis, puis les ſix Conſeilliers, & en ſuitte
le Preſident ſeul, & apres lui tous les plus apparens de la ville, & quelqu'un de ſes Advocats.

Que ſi quelqu'un ſe jouë de ne porter telle
reverence & reſpect qu'il doit à ſa dignité, il
eſt ſur le châp chaſtié par les bourreaux ſelon
la grandeur de l'offence, tellement que cette
Cour eſt quaſi autant reſpectée que celle de
ſa Majeſté.

Des finances, & quels ſont ceux qui les manient.

CHAP. XV.

Es finances, comme chaſcun ſçait,
ſôt tref-neceſſaires en tous Eſtats,
& meſmes celles qui proviennent
des domaines publics, pour eſtre
les plus juſtes & legitimes, tant pour n'avoir

à demander à tous momens au peuple, lequel
ne void jamais de bon œil celui qui veut exi-
ger quelque chofe de lui, que pour paier &
remunerer ceux qui adminiftrent les charges
publiques, tant de la guerre, police, que des finances, fortifier les places, pourvoir à la mer,
& tenir preft toutes munitions & efquipages
de guerre.

Ce furent ces raifons qui efmeurent ces fages fondateurs de cette invincible Monarchie, de rendre le public riche & opulent, lui
laiffant toutes les mines d'or, d'argent, pierreries & autres mineraux, lefquels reviennent
par an à la valeur de quatre millions, & auffi
beaucoup de terres labourables, bois, taillis,
prairies, lacs, rivieres & eftangs, harras de chevaux & grands troupeaux de bœufs, moutõs,
chameaux, elephans & buffles, toutes lefquelles chofes peuvent revenir à la fomme de fix
millions, eftans tous les ans affermez en la ville metropolitaine de Sangil, aux plus offrans
& derniers encheriffans en la prefence du Senat, de façon que de clair & de net fans aucune exaction, il vient tous les ans dix millions
d'or dans les coffres publics, d'autant que de
quelque façõ qu'on vueille defguifer le nom
de telles charges, c'eft tousjours prendre &
fouftraire le bien des particuliers : Car foit

qu'on mette impos sur les denrées, qui se trãs-
portent, la marchandise de celui qui vend est
tousjours achetée à moindre prix, & ce qui y
entre, au contraire est vendu plus cher, tellement qu'il y a tousjours perte, tant aux ache-
teurs, qu'aux vendeurs, les marchans faisans
tousjours bien leurs comptes, de sorte que le
gain est tousjours de leur costé, outre l'im-
post qu'ils ont paié.

C'est pourquoi on ne permet telles imposi-
tions, sinon en extreme necessité quand il y a
de grandes affaires & que les finances sont es-
puisées, mais encore n'est-ce que pour un
temps, comme il advint il y a quelques cent
ans du temps du Roy Alderzan, la guerre estãt
declarée contre les Gengueriens, & leur alliez qui confirment cë grand Royaume, au
Pole Antartique, lesquels l'envahirent, avec
plus de trois cens mille hommes, ou il y eut
divers evenemens pendant ceste guerre de
costé & d'autre & grande ruine des Provinces
par le temps & espace de six ans, mais en fin ils
feurent desfaits & chassés, & deux ans apres
leur païs saccagé & la plusspart mise au trenchant de l'espée.

Tous ces domaines & grands revenus sont
gouvernez & maniez de cette façon.

Le Conseil, lors qu'il envoie les Magistrats

aux Provinces, fait election de fixvingts Receveurs Threforiers generaux fur les finances lefquels vont refider en chaque ville capitale des Provinces, tout ainfi que les autres
Magiftrats avec deux commis & dix Sergens,
tant pour la garde desdites finances, que pour
contraindre, executer ou emprifonner les fermiers, lors qu'ils ne paient aux termes de demi année.

Ces Threforiers font Gentils-hommes biẽ
famés lefquels ont paffé avec loüable reputa-
tion parmi la pluspart des moindres offices,
bien entendus au droiĉt & aux couftumes du
Royaume. Ils font veftus de robbes de velours bleu parfemée de figures de la monnoie
en broderie d'or & d'argent avec les armes
Royales, le chapeau & les pantouffles font de
mefme eftoffe:

Les commis n'en ont que de farge, parfemées de mefmes marques fans or, n'y argent.

Les Sergents font veftus de mefme couleur, mais courtement portans l'image du
Roy d'argent doré au col, armés d'halebudes,
efpées & poignarts, comme ceux du Prefidẽt.

Il a auffi un Greffier avec deux commis veftus de farge de femblable couleur, parfemée
de plumes & de figures de monnoie en broderie de foie, afin d'enregiftrer tant la Recep-

te que la miſe & donner acquit aux fermiers
des paiemens.

La demeure du dit Threſorier eſt en un palais
moiennemétbeau, vis à vis de celui, ou s'exerce la iuſtice, ceinét de fortes murailles avec
portes & feneſtres grillées & ferrées. Les coffres auſſi y ſont tous de bois couvert de fer à
triples ſerrures barres & cadenats:

Les ſalés pour conter ſont accommodées
de tables tout au tour bordées de deux doigts
avec paſſages, ou ſont attachez certains ſacs
de cuir, par leſquels on fait couler la monnoie
dans les ſacs.

En ce palais y a auſſi un fort beau jardin,
comme en celui de la juſtice, pour recreer les
Threſoriers qui ſon empeſchez la pluſpart du
temps à conter, donner & recevoir ſans qu'il
leur ſoit licite d'aller aux champs pendant le
temps de leur charge.

De la maniere que les finances de chaſque Province
ſont adminiſtrées par les Threſoriers.

Chap. XVI.

E s Threſoriersou Receveurs generaux eſtans entrez en charge, ils dreſ-
ſent un papier, auquel ils inſerent les
noms des villes & bougrs de la Pro-

vince, avec ceux des fermiers & superintendans sur les mines, s'il y en a en leur ressort, ensemble aussi l'extraict des prix des bans, dont
ils tiennent les originaux par devers eux, afin
qu'ils puissent envoier leurs sergents à point
nommé apres le terme passé de huitaine, &
aussi pour inserer les acquis au pied des ex-
traicts d'un chacun contract, & semblablement s'il est necessaire qu'on contribue par
teste pour mettre la taxe & le receu de chaque
paroisse, selon les biens & facultez d'icelles.

Les fermes publiques ne se donnent que
pour trois ans à deux termes, sans aucun avance en donnant suffisante caution.

S'il advient que tels fermiers ne paient au
terme, les Thresoriers envoient incontinent
les Sergents, lesquels les somment de paier, &
en cas de refus, on les prend prisonniers ensemble leurs cautions, s'ils ne sont solvables,
les amenent aux prisons royales sans en faire à
deux fois tant pour ne retarder les deniers
Royaux, que pour obvier aux frais des fermiers & peine du Thresorier.

Les Sergens sont taxez à quatres francs par
jour, lesquels faut que le dit fermier paie con-
tent & dix escus au Roy pour l'amende.

Apres que la demie année est paiée, le dit
Thresorier fait assembler tous les officiers tāt

Ecclefiaſtiques , militaires que civils , afin de
recevoir la demie année de leur gages ſans
qu'il ſoit licite d'y apporter retardement, n'y
en retenir aucune choſe, à peine d'eſtre banni, ou pandu ſans aucune remiſſion , d'autant
que telles gens ſont larrons & brigands oſtant
en ce faiſant toute la grace du bien fait, amoin-
driſſans l'affection des officiers envers le Prince & empeſchent qu'ils ne facent le d'heu de
leur charge, avec telle gaieté & promptitude
qu'il eſt neceſſaire.

.. Le Threſorier à mille eſcus de gage, les cō-
mis deux cents, le Greffier cent & cinquante;
& ſoixante les Sergents avec leurs practiques:
Le Greffier enregiſtre les paiemés & le Threſorier retient les acquis par devers lui iuſques
à fin d'année qu'il rend ſon conte devant le
Preſident & les Conſeillers. L'autre demie
année eſtant eſcheue, il en fait de meſme iuſques à entier paiement.

.. S'il eſt neceſſaire que les paroiſſes contri-
buent(ce qui n'advient que fort rarement) on
y procede avec grande juſtice & eſgalité. Car
comme nous avons dit, il eſt commādé à chaque Dizenier civil tant des villes que villages
de rapporter fidelement la valeur des biens
d'un chacun tant meubles que immeubles , à
leurs Centeniers les Centeniers aux Mille-

niers & les milleniers aux Dixmilleniers &
les Dixmilleniers aux Cét-milleniers des villes capitales & iceux en envoiét le rolle à Sangil aux deputez des Eftats, tellement qu'auffi
toftqu'il a efté refolu au Cófeil qu'ō fera levée
de deniers, chafcun des deputez des Province apporte l'extraict de la ualeur des biens
contribuables on faict un iufte departement
de la fomme que le confeil aura ordonné d'e-
ftre impofée felon la valeur des facultez de
chacune Province.   De de la les taxes avec
mandemens font renvoiées aux Threforiers
generaux des Provinces, lefquels non feulement font une feconde taxe fur les paroiffes,
mais auffi fur chaque particuliere maifon en-
voiants les rolles imprimez avec tous les nōs
des contribuables, ut ne varietur.

 Soudain les Dizeniers levent la taxe de leur
Dizainier & l'apportent au Centenier ; & le
Cétenier au Millenier, & le Millenier au Dix
millenier, lequel porte le tout au Threforier
de la ville capitale de la Province fans prendre aucun falaire pour le port, d'autant qu'il
eft gagé de fa Maiefté.

 Voila comment les Contributions font
impofées, levées & mifes aux cofres publics
fans aucuns frais & defpends. S'il y a quelque
particulier qui face difficulté de paier fa taxe,

il est executé par son Dizenier , lequel en ce
cas a toute puissance , prenant seulement
cinq sols pour execution, & s'il y a rebellion,
ou qu'il die parole outrageuse contre le Conseil & sa Majesté, il est chastié par amande, ou
peine corporelle.

L'année estant revoluë , les Thresoriers apportent les comptes de la mise & de la recepte devant le President & Conseillers, avec les
mandements Royaux, lesquels veüs, calculez
& verifiez, la minute du compte en est mise au
Greffe de la Thresorerie, & la coppie portée à
la chambre des comptes de la ville Royale, où
toutes sont mises en bel ordre selon les années
pour y avoir recours lors qu'il plaist au Senat.

Le reste de l'argent de la recepte de l'année
est mis à part dans le palais aux Coffres de
l'espargne, dont dix des principaux de la ville
ont chascun une clef diverse, comme ont le
Thresorier & le President qui sont en charge,
tellement qu'il n'y a moïen d'y toucher que
tous ne soient ensemble, & ce avec expres
mandement du Senat: Car ce fond est reservé
pour les exttemes necessitez de l'Estat, n'aiant
semblé expedient à ce prudent Senat que
toutes les finances se portassent en la Capitale
ville du Royaume, pour deux principales raisons, l'une qu'avenant revolte en cette ville,
　　　　　　　　　　　　　　　　l'ennemi

l'ennemi n'euft de quoi entretenir longue-
ment la guerre: L'autre que cette efperance
de gain convieroit à lauenture les grans d'at-
tenter contre le Roy & l'eftat, ou l'argent
eftant ainfi gardé par toutes les capitales villes fi une Province fe venoit à revolter, ou
quelque traiftre à occuper la ville, la perte n'é
feroit fi grande, d'autant que tout le refte des
threfors demeureroiét entier aux autres villes
pour aider à recourer ce qui feroit aliené.

_____

De la maniere de voiager en ce Royaume & de la po-
lice des hofteleries.

CHAP. XVII.

D EVANT que ie me defparte de
ce traicté des finances il ma femb-
lé bon de parler de la maniere
de voyager en ce Royaume, &
des hofteleries, d'autant que c'eft
une partie de la police, & dont les Princes tient en ce temps de grands revenus. La maniere donc qu'on tient pour voiager, eft en
finq fortes; la premiere fur chevaux & caroffes qui font aux particuliers la feconde, fur
coches & caroffe de louage: La troifiefme, fur

E

chevaux de relais: La quatrieſme, en poſte: La
cinquieſme, en cheres & lictieres. Aux quatre dernieres ſont ordōnez logis & hommes
deſtinez en chaque ville & ſtation , de trois
lieuës en trois lieuës , qui ſont obligez tenir
toutes ces manieres deſquipages preſts à tou
momens à tel pris que les Magiſtrats adviſent
ſelon le temps , cherté & abondance des vivres, faiſant tousjours qu'ils puiſſent en ſervãt
le public tirer honneſte proffit, la taxe qui eſt
ordonnée eſtant eſcritte en un tableau aux
portes des logis, leſquels ſont viſitez fort ſouvent par les Centeniers civils pour voir ſi les
mōſtures ſont bonnes & en nombre tel qu'il
eſt ordonné, & ſi tels voituriers n'exigent rien
des voiageurs outre & par deſſus ce qu'ils doivent & les trouvans delinquans , ils ſont chaſ-
ſtiez ſans appel ſelon la rigueur de l'ordonnance.

Quãt aux hoſteleries ou on loge elle ſont
en tel nōmbre qu'il eſt neceſſaire ; ſelon les
paſſages, concours & abords du peuple. Ils ne
fourniſſet que de chābres, licts, & bois en païãt,
de foin, paille & avoine pour les chevaux
chaque lict eſt taxé à deux ſols par nuict , au
charges de fournir de linges & de table: ſi on
ne fait que diſner, on ne paie qu'un ſol, la paille & le foin ſōt vēdus à la livre & l'avoine à la

mefuré. Eftant arrivé au logis il y a un, ou plufieurs cuifiniers felon le paffage, ou on envoie
querir les vivres, aufquels eft taxé la livre de
bœuf, veau, & mouton, la poulaille & toutes
fortes de gibbiers felon le temps & la faifon,
& le prix efcrit en un tableau attaché devant
la boutique, fans qu'ils ofent prendre un liard
outre ce qui eft ordonné, le Centenier les vifitant fouuent, lequel refpondroit de leur ma-
leverfation en fon propre & privé nom s'il
manquoit au deu de fa charge.

Quant au pain il y a auffi des boulangers
qui le vendent à poix felon la taxe. Pour le vin
en vend qui veut, eftant prealablement tafté
par le Centenier ou fon lieutenant & le prix
appofé aux tonneaux devant le logis en un tableau & pour la peine dudict Centenier il
prend un fol par poinfon & les amendes des
delinquants. De façon que chacun peut def-
pendre & efpargner à fa volonté.

Ceft ordre ainfi eftabli coupe chemin aux
joueurs bordeleux & defbauchez, lefquels
trouvás toutes chofes aux hofteleries font có-
viez par leur appetits defordonnez à y máger
tous leurs moiés. Auffi eft-il expreffemét defendu à peine du fouet de non loger finon ef-
trangers & paffants, contre la mauvaife cou-
tume de beaucoup de Princes, lefquels pre-

E 2

nans de grans tributs la deſſus ſont cauſe dont
les paſſans ſont pillez à la diſcretion de tels
brigandeaux, ne ſe ſoucians que tout le monde ſe ruine , ny que la jeuneſſe ſe corrompe
pourveu qu'il rempliſſe leur bouge. Ce qui eſt
merveilleuſement preiudiciable à un Eſtat. Ie
m'eſtois oublié de dire que les pacquets du
Roy ſont portez par les poſtes , ſans que pour
cela les maiſtres d'icelles tirent aucuns gages,
ne gagnant que trop d'autre coſté ſur les
courriers & voiageurs.

LIVRE TROISIESME
DE LA POLICE MILITAIRE

De l'establissement des Dizeniers, Centeniers &
Mileniers sur tous les Soldats des Provinces.

CHAP. I.

MAINTENANT il est temps, aiant mené le lecteur par la police
civile, comme avec les fleuttes
& le violon, que je sonne la trõ-
pette & le tambour pour le con-
duire parmi les gens de guerre. Car le conseil
aiant iugé que le bon ordre du gouvernement civil, n'estoit suffisant à maintenir la republique, il voulust encores adjouster la force & les armes, d'autant que les hommes estãt
plus naturellement enclins au mal, qu'au bien
aux divorses, qu'a l'amitié; & à la guerre qu'à
la paix; ils voulurent avoir tousiours en main
une forte bride pour les retenir & les achemi-

E 3

ner à leur debvoir. Ioint que les voisins sont
tousjours prests à offenser ceux qu'ils voient
nuez de defense.

pour ces causes ils ordonnerent que par les
villes & villages, ou il y auroit hommes propres à porter armes depuis l'age de 18. iusques
à 55. ans, qu'ils seroient mis par dizaine & sur
chaque dizaine un chef & par dessus les Dizeniers, des Centeniers avec leurs Lieutenás,
enseignes & deux sergens, & sur dix Centeniers un Milenier qui seroit envoié de la
Cour, lequel feroit sa demeure en la meilleure des dix Paroisses & auroit correspódance à
un Dixmillenier, lequel seroit semblablemét
envoié de la Cour, & feroit sa residence dans
une des villes au milieu de tous ses Milleniers, afin que ses inferieurs puissent mieux
recevoir ses commandemens.

Les Milleniers ont deux cens escus de gage du public, estans ordinairement quelques
ieunes gens sortis nouvellement de l'Academie, bien conditionnez & valeureux, lesquels ont passé par tous les degrez tant de la
bonne nourriture, que des exercices.

Pour conte du Dixmillenier, c'est un personnage de plus grande practique & authorité, lequel a desia passé par beaucoup de Magistrats, & a six cens escus de gage du Roy,

pour son entretien.

Quant aux Centeniers, Lieutenans, Sergens & Dizeniers, ils n'ont aucuns gages, sinon l'hōneur d'estre les premiers, & exempts de toutes charges & contributions leur vie durant, s'ils se comportent comme ils doivēt.

Les chefs de dix mille hommes se rapportent au Centmillenier, lequel est grand personnage, fort advancé, prudent, & de singuliere vaillance, envoié aussi de la Cour, faisant sa demeure en la ville capitale de sa Province : Cettui-ci reçoit les mandemens du Roy, par les mains du Viceroi ou President. Il a mille escus de gages, & est vestu courtemēt d'une mandille, ou cotte d'armes de velours cramoisi, brodée de figure d'espées & bastons entremeslez des armes Royales. Son chapeau est aussi de velours cramoisi, garni d'un cordon d'or couvert d'un grand pennache incarnat & blanc, lequel pend partie par derriere, & partie se releve par devant, aiant au milieu un bouquet d'aigrette, l'espée & le poignard dorez, l'habillement est tel qu'il lui plaist: Mais ordinairement il est de velours & de satin de semblable couleur,

Quand il marche, il est accompaigné de dix ieunes Gentils-hommes que le Senat lui donne, sortans de l'Academie, afin qu'ils se

dreffent & mettent en practique, ce qu'ils ont
appris par theorique. Son logis eft en quelque bel endroit de la ville, garni de tous meubles & utenfiles pour lui & fon train.

C'eft devant lui que tous gens de guerre
vuident leurs differens pour le fubject des armes, & ce qui en defpend. S'il advient que
le Roy vueille faire levée, il efcrit premierement au Prefident ou Viceroy, lequel l'envoie querir pour lui communiquer le mandement, & impofer le nombre des hommes qu'il
doit mettre aux champs, & le lieu où il faut
qu'ils fe rendent à poinct nommé.

Ce commandement receu, il advertit
les Dixmilleniers, & ceux-ci les Milleniers, & iceux les Centeniers, lefquels
foudain envoient autant de foldats armez
qu'il leur eft commandé, où ils viennent eux-
mefmes en perfonne s'il eft neceffaire, aiant
toutesfois efgard à ne laiffer les maifons vuides, & aux peres qui n'ont qu'un enfant, & fi
quelqu'un fait refus d'obeir, il eft degradé des
armes, & envoié aux galeres, & femblable-
ment s'ils reviennent fans congé figné du General, & de leur Capitaine, ils font pendui
fans aucune remiffion.

La trie & eflection faicte, ils s'en vont au
Rendez-vous, portás leurs armes & pacquets

sur le dos, sans bagage goujats, ne chevaux, car on ne parle en ce païs de telles delicatesses; lesquelles ne font qu'effeminer les courages des soldats, & affamer les armées.

La picorée leur est defenduë à peine de la vie, mais il faut qu'en arrivant à la couchée, ils aillent trouver les Centeniers civils, lesquels courtoisement leur font donner logis. Au demeurant, il faut qu'ils achettent tout ce qui est necessaire pour vivre, & ameinent au matin leurs hostes devant lesdits Centeniers, pour sçavoir s'ils sont contens, & s'ils n'ont perdu aucune chose, autrement ils sont rigoureusement chastiez au lieu mesme sans aucune formalité ni dilai.

Du choix & eslection que font les Capitaines des soldats, & comme ils sont mis par compagnies.

CHAP. II.

Omme tous les soldats sõt arrivez au lieu du Rédez-vous, avec les Capitaines, Lieutenans & Enseignes, envoiez de la Cour, la trie & choix se fait en ceste maniere.

En la preſence du Centmillenier, ſi le nombre que doit fournir la Prouince, eſt comme
de deux mille hommes, il y a vingt Capitaines, qui ſont cent ſoldats pour compagnie,
leſquels entr'eux tirent au ſort à qui choiſira
premier, & ainſi conſecutivement des autres.
Cela fait, tous les ſoldats ſe mettent en rang,
vingt à vingt, dôt le premier Capitaine choiſit celui qui lui plaiſt de la premiere vingtai-
ne, & apres lui tous les autres ſelon leur ſort,
iuſques au dernier. Venant à l'autre vingtai-
ne, celui qui a choiſi le ſecond, choiſit le premier, & cettui-là qui avoit choiſi le premier,
prendra tout le dernier, & ainſi de toutes les
autres vingtaines, iuſques à la derniere. De
ceſte façon toutes les compagnies ſont eſga-
les en nombre & en valeur. Apres cela les Capitaines créent leurs Dixeniers & Sergens,
& tiennent forme de camp, aiant chaſque
dix Centeniers un Millenier pour leur commander, homme de moien aage, valeureux
& de grande experience.

CHAP. III.

PREMIEREMENT chasque centaine de soldats est divisée en trois, assavoir, en soixante picquiers, vingt mousquetaires, & vingt arquebuziers.

Les picquiers sont armez d'une cuirasse de cuir bouilli, avec les tassettes de mesme, le tout à preuve d'espées, & de toutes sortes d'armes; horsmis des arquebuzades, d'autant que tels harnois sont plus légers que ceux de fer, & servent tout autant pour les coups de main: Ils portent un morion de fer, cresté & bien trempé avec des larges iouës, & fort bas de poincte, garni d'un pennache des couleurs de leurs Capitaines.

Ils portent au bras un grand pavois de bois, haut de quatre pieds & demi, & large de deux & demi un peu courbé, couvert de nerfs de bœuf pilez, & meslez avec forte colle, & par dessus un cuir tresfort & bien estendu, avec quelque devise peinte à huile, selon qu'il plaist aux soldats, entourné d'un cercle de

cuivre, tant de peur qu'appuiant tels pavois à
terre, ne ſe viennent à gaſter, comme auſſi
pour empeſcher qu'ils ne ſoient fendus & en-
dommagez de coups deſpées. En marchant
ils les portent derriere le dos, avec la courroie
en eſcharpe, & en cōbattant, au bras gauche.

Pour les armes offenſives, c'eſt une forte
eſpée l'argette & bien trenchante, longue de
trois pieds, avec le poignart larget & bien
trenchant, long d'un bon pied. La longue
& forte picque de dixhuiĉt pieds de long, garnie d'un fer fort & trenchant, & ſi on me demande comment ils ſe peuvent aider d'un tel
pavois & d'une picque enſemble, nous le dirons quand nous ſerons venus au lieu de la
maniere des combats.

Les mouſquetaires ſont accommodez de
meſme, horſmis qu'en lieu de picque, ils portent un mouſquet, lequel n'eſt long comme
les noſtres, mais a ſeulement deux pieds &
demi, de façon qu'il eſt ſi leger qu'il n'eſt beſoin de fourchette pour l'appuier, & eſt fait
de tel artifice qu'on en tire cinq cens pas de
blanc en blanc, ni aiāt aucunes armes à preuve d'icelui, le tirant de cinquante pas.

Pour les arquebuziers ſimples, ils ſont armez d'un leger morion poinĉtu, & d'une cuiraſſe auſſi de cuir bouilli, ſans taſſettes: mais

eulement garnis de quelque certain cuir qui
ombe à quarre doigts du genoüil, avec une
ondache large de trois pieds en diamettre:
l'arquebuze legere de telle longueur que les
moufquets, & quafi d'efgale foflée, la courte
fpée, & le poignart d'un pied.

Pour les Capitaines, ils font armez de mef-
ne que les picquiers, horfmis qu'ils portent
levant eux au combat, des pavois de fer, à
oreuve de moufquets, afin de parer aux coups
le la premiere falve, & par ce moien confer-
ier en fon entier leurs perfonnes, & la tefte
lu bataillon. Si c'eft contre cavallerie, ils
i'en portent nullement, mais feulement des
armes à preuve de piftolet avec la picque en
a main.

Les foldats outre les armes que nous avons
lit, font obligez porter chafcun une tranche
ou pioche, une palle de bois & une coignée,
ou ferpe, pour travailler à la fortification du
camp, & aux fieges des villes, & encores outre cela, leurs chemifes & petis equipages.

De *l'ordonnance de la Gendarmerie & chevaux*
legers.

Chap. IV.

C OMME c'est une des plus grandes
despenses d'une Republique, d'entretenir une grãde cavallerie, mais
toutesfois necessaire, on advisa
que pour obvier à la despése & aux grands gages, qu'il leur faut pour l'entretenement de
leur esquipage, que les Nobles qui auroient
iusques à cinq cens livres de revenu, entre-
tiendroient un bon cheval de service, pour
à toutes occasiõs estre prests aux mandemens
de leurs Capitaines: Ceux qui auroient mille
livres de rente, deux; & s'ils en avoient trois,
quatre, cinq, six, ou plus, il en entretiédroiét
autant qu'ils ont de mille livres de revenu,
lesquels les pauvres Gentils-homme s chargez d'enfans qui auroient moins de cinq céts
livres de revenu, iroient prendre sur les susdits
Seigneurs, lors qu'il faut faire monstre, ou aller à la guerre, selon qu'il leur seroit ordonné
par les Capitaines envoiez de sa Maisté, estant
obligez entant qu'ils ne fussent tuez, ou mou-

ruſſent de maladie, les rendre, ou reſtituer aux
proprietaires, ou bien s'il faſche à ceſdits Seigneurs, nourrir tels chevaux, en dónnát cent
francs pour chaſque cheval à ces pauvres
Gentils-hommes, ils ſont diſpenſez de les
nourrir.

Cela ordonné on les met par Dizaines &
Centaines en toutes les Provinces, eſliſans
les plus ſuffiſans de la meilleure qualité ſur
les Dizaines. Car quant aux Capitaines, Lieutenans, Enſeignes & Mareſchals des logis, ſőt
gens d'authorité envoiez par le Roy & ſon
Conſeil chaſque année.

Leurs armes ſont habillements de teſte
garnis de pannaches de la couleur des Capitaines; Cuiraſſes, braſſarts taſſettes, genouil-
leres, greves, & gantelets fort legers, l'eſpée
de moienne longueur, comme de trois pieds,
forte, largette & bien trenchante: la couple de
piſtolets r'enforcés & de gros calibre; une carabine en eſcharpe: Le cheval couvert d'un
chamfrein & d'une creniere à lames attachée près de l'arçon, à laquelle pendent des
deux coſtez de la maille qui leur couvre le
col & la gorge attachée deſſoubs avec cordons: la croupe, la poictrine & les flancs ſont
auſſi couverts de bardes de cuir boulli coto-
nées par le deſſous, de telle façő qu'elles peu-

vent reſiſter à tous les coups de picque, d'Ha-
lebardes & d'eſpées: Les Reines & la teſtiere
garnies entre deux cuirs de cheinettes , avec
encore une fauſſe Reine de meſme, afin que ſi
d'aventure les Reines eſtoient rompues , ou
coupées, ils aient recours à ceſte fauſſe, reine,
le cheval eſtant auſſi inutile au combat ſans
reine, que le navire ſans timon en la main
d'un pilotte.

Quant aux chevaux legers, ils ſont pris de
toutes ſortes de gens d'entre le peuple , pourveu qu'ils ſoient gens courageux & de bonne
façõ & qu'ils aiët moien d'avoir un cheval. Et
quand ils ne voudroient , ils y ſont contrains,
leur biens excedãs cinq cens livres de revenu
ſans ce qu'on leur donne aucune choſe, ſinon
lors qu'ils ſont le ſervice actuel. leurs armes
defenſives ſont la rondache en ovale longue de trois pieds & large de deux, couverte de cuir & bordée d'un cercle leger de
cuivre. La legere cuiraſſine de cuir bouilli à
preuve d'eſpée & d'armes de jet, garnie par le
bas tout autour d'une piece de maille, ou d'un
bas de ſaie à œillet les couvrants juſques aux
genoux avec le derriere & les flancs de leur
chevaux. Les manches auſſi de maille avec
un morion poinctu couvert d'un pannache.

Leurs armes offenſives ſont, un bon piſto-
let

let,une carabine, l'espée à la mode des gẽdar-
mes & une corsesque, ou fortes zagaies lõn-
gues de huict pieds & garnies d'un fer
long d'un pied, larget, poinctu & fort trenchant,dont ils s'aident merveilleusement biẽ,
tant à cheval que quand il est necessaire de
mettre pied à terre.

Quant à leurs chevaux ils ne sont point couverts, mais seulement ont les brides garnies
de chainettes & fausses reines de mesme, d'autant qu'estant ordonnez pour estre à la teste
de l'armée pour faire de longues courses,des-
couvrir & donner des estrettes à l'ennemi, il
ne seroit à propos qu'ils fussent pesammant
armez n'y les maistres aussi. Ces chevaux legers sont departis par Dizaines & Centaines.

Les Capitaines sont ieunes Gentils hommes, hardis & avantureurs envoiez par le Senat

Quant au Maistre de Camp & Capitaine
de mille chevaux, sont personnes d'authorité
& qui ont desja fait suffisante preuve de leur
valeur & bonne conduitte en tous combats,
ruses & stratagemes de guerre: Si la necessité
le requiert, ils mettent quelquesfois pied à
terre & combattent de la mesme façon que
les gens de pieds estans couvers de leur pavois.

F

Chaſque gendarme & cheval leger;la guerre venant doit faire election de chaſcun un
jeune ſoldat de l'aage d e vingt à vingt & cinq
ans,fort diſpos & courageux pour l'aſſiſter en
tous les combats & loger en ſon logis ; Ils ſont
armez d'une rondache de bois de trois pieds
de diametre, couuerte de cuir & cerclée de
cuivre;le petit morion poinctu la cuiraſſe de
cuir, leſpée courte,le poignart & la legere ar-
quebuſe à rouet de grande foſſée.

Il leur eſt donné quelqu'homme avantu-
reux pour Capitaine, tel qu'il plaiſt au Capitaine.

Leur devoir eſt de garder le logis , faire les
gardes aux barricades,ſe trouver ſur les flancs
pour faire eſchecq ſur l'ennemi auparavant
que leurs maiſtres ſoient meſlez, tuer les chevaux & les maiſtres des ennemis eſtans portez par terre , ſecourir & remonter les leurs,
monſter ſur les chevaux des morts & combattre avec leurs dits maiſtres.

Bref cette ſorte de gens de guerre eſt fort
utile en toutes façons & de grand ſoulagemé
à la cavalerie.Car ils leur ſervent d'amis, d'eſcorte & de valets & s'il advient qu'ils ſe per-
dent,le dõmage n'en eſt pas grand. Mais cel
arrive peu ſouvent , eſtans autant viſtes & de
longue haleine que peuvét eſtre les chevaux

Aussi que leurs maistres sont obligez s'il est
possible les môter en crouppe& favoriser leur
traicte dans les pleines, comme aussi ces dits
soldats font envers eux lors qu'ils se trouvent
en païs de bois, montagnes, paluds & rivieres,
d'estroits & passages difficiles.

Touchant les arquebusiers à cheval on n'en
use point, pource que les cheuaux legers en
servent & sont beau coup meilleurs, d'autant
qu'ils sont mieux montez & armez pour combattre en toutes façons.

De la paie des gens de guerre

CHAP. V.

NOVS commencerons par les gens
de pied, les picquiers & mousquetaires ont chascun trois escus
par mois: les arquebusiers, deux &
demi; les Dizeniers, quatres; le Capitaine, trente; Son Lieutenant vingt: L'Enseigne, 15. & chacun des Sergens, huict : Le
Millenier, ou maistre de Camp, cent, outre ses
gages & honnestes appoinctemens qui leur
ont payez tous les huict jours s'ils veulent,
chasque Millenier aiant un commis du grád
thresorier en son cartier tousjours prest à

à ſurvenir à leur neceſſité. Outre cela on leur
donne par mois quatres meſures de froment,
ou metel par homme qui ſont aurant grandes
qu'elles ſuffiſent à les nourrir: Au Capitaine,
24. Au Lieutenant 16. à l'Enſeigne, 12. & 8. aux
Sergens.

Quant au vin & à la chair, il ne s'en parle
point, car il faut qu'il l'acheptent, mais s'ils ſõt
en païs d'ennemis la bride leur eſt laſchée par
fois pour en prendre ou ils en peuvent attra-
per, & meſme eſt mis taux aux vivres apportez
dans le camp. Touchant les gens de cheval,
le gendarme à 20. eſcus par mois; le Dizainier
ou Capitaine d'eſquade, 24. le Capitaine, 100.
le Lieutenant, 60. l'Enſeigne, quarante, & le
mareſchal des logis, 30.

Le Cheval leger dix, le caporal, ou chef
d'Eſquade 12. le Capitaine, 50, le Lieutenant
trente. l'Enſeigne, 20. & le mareſchal des logis, 15.

Outre cela, tout ainſi qu'aux gens de pied,
on leur fournit de bled & d'avoine pour
eux & leur chevaux principalement
quand on eſt dans le Royaume, ou en terre
d'alliez & meſme en terre ennemie, lors qu'il
ne ſe trouve aucune choſe en la campagne
pour picquorer.

Le gendarme à 16. meſures de froment, pour

lui & ses hommes & 50. d'avoine pour ses chevaux: le Capitaine en a quarante & 160. d'avoine; le Lieutenant, vingt & 80. d'avoine: L'Enseigne 16. & 60. davoine.

Pour les chevaux legers, on leur donne beaucoup moins de vivres, d'autant qu'ils ne sont obligez qu'a avoir un bon cheval, & un, ou deux mulets, s'ils veulent, par les dizaines pour porter leur bagage. Ils ont donc chacun huict mesures de froment & 16. d'avoine pour leur chevaux: le Capitaine, 16. & d'avoine 64: Son lieutenant, 12. & d'avoine 48. la Cornette & Mareschal des logis autant.

Touchant le Millenier, ou Maistre de camp de la Gendarmerie il a deux cents escus de paie par mois, & d'autant que ce sont la plus part grands Seigneurs lesquels ne prennent aucunes provisions sinon à la necessité les Commissaires des vivres leur donnent ce qui leur plaist selon leur train & esquippage.

Le Maistre de camp ou Millenier des chevaux legers, a six vingts escus, & du bled & avoine aussi selon son esquipage. Voila quāt à la solde, vivres & munitions de la Gendarmerie.

F

*Des exercices des ſoldats des paroiſſes en temps de
paix.*

Chap. VI

TOVT ainſi que le bon pilote
n'attend à bien eſquipper ſon
navire de voiles, anchres & cor-
dages quand la tempeſte vient:
Mais y prevoit auparavant, le tenant preſt à tout evenement: De meſme auſſi
ces grands politiques n'attendent l'ouvertu-
re de la guerre, à inſtruire & exercer les ſoldats: Ains aiánt continuellement le peril devant les yeux, ils veulent qu'ils apprennent
tous les jours ce qui eſt de l'art de la guerre &
qui peut ſervir à ceſte profeſſion: Eſtant commandé aux Capitaines, Centeniers, & Milleniers de faire exercer ceux qui ſont ſous
leurs charges, tant à tirer de l'arquebuze, qu'à
manier bien une picque, & toutes ſortes d'armes longues, & de ject, tirer de l'eſpée & rondache les uns contre les autres, courir, ſauter
la jarretiere, bondir de larges foſſez, joüer à
la balle forcée, & autres tels exercices, qui les
rendet forts, agiles & vigoureux. De plus,

ils leur enseignent à se mettre en bataille, & à
faire toutes sortes de changemens, de la façon que nous dirons quand nous viendrons
à parler de la nourriture de la jeunesse, & pour
les inciter davantage, on demande quelque
petis prix aux plus belles & riches filles de la
paroisse, qui le donnent fort librement, &
quiconque le gagne, en demeure paré toute
la journée, avec louange du Capitaine, & ap-
plaudissemens des assistans.

Ie ne veux oublier à dire, qu'il y a une longue maison en chasque paroisse, en laquelle
sont toutes les armes arrangées par ordre, ausquelles sont escrits les noms de ceux à qui
elles appartiennent, qui sont visitées toutes
les sepmaines, pour empescher qu'elles ne se
ouillent : Les soldats estans repris & tancez
s'ils ne sont lestes, propres & accommodez, &
mesmes condamnez à l'amende.

Vne fois l'an au premier jour de Mai toutes
les compagnies des paroisses vont faire mon-
tre & reveuë en la ville capitale de la Province, devant le President ou Viceroi, lesdits
Milleniers & Centeniers passans en fort bel
equippage, car je vous puis dire que personne
n'espargne chose qui lui puisse apporter de la
gloire & ornement.

La reveuë faite, toutes ces compagnies s'a-

F 4

cheminent dans une grande prairie, où sont
dreſſez pluſieurs eſchaffaux , par les Seigneurs & Dames du païs, leſquels ne faillent
à tel iour celebre s'y trouver pour voir les cô-
bats, ioustes & tournois qui se font selon la
volonté du Preſident , du Centenier & des
autres Colonels.

　Là il se fait de belles eſcarmouches, rencontres & formes de bataille , avec divers
changemens juſques au soir,& par deux iours
conſecutifs. La Cavallerie de la Province s'y
trouve auſſi en meſme temps pour meſme
ſubjet, laquelle augmente grandemét le plaiſir & contentement des aſſiſtans.

De l'exercice de la Gendarmerie en temps de paix.

Chap. VII.

Es Capitaines qui font mis tous
les ans par le Roy ſur chaſque cô-
pagnie de cent Gentils-hommes
demeurent au milieu de ceux qui
ſont ſous leur charge , en quelque ville ou
bourg, les viſitant fort ſouvent,tant pour voir
leurs chevaux,armes & equipages , que pour
les entretenir en leur devoir , & augmenter

l'affection de servir le public, & aussi une fois
le mois les assembler en une belle place, en laquelle se font toutes les sortes de changemés
& d'ordre de bataille que peut faire la Cavallerie.

Apres il leur fait manier leurs chevaux,
l'un apres l'autre, courir la bague, tirer de la
carabine & du pistolet en courant à toute
bride, contre quelque arbre, gant, ou chappeau ietté à terre, combattre deux à deux a-
vec espées rabbatues, puis en gros, passans les
uns dans les autres, se rompans & rallians sans
perdre aucunement leurs rangs.

Bref tout ce que nous monstrerons quand
nous serons venus à l'instruction & nourriture de la ieunesse: Dés là chascun se retire chez
soi sans fouler le bon homme.

Pareillement le mois de may estant venu
(comme nous avons dit) toute la Gendarmerie se trouve aussi dans la ville capitale devant le Président & le Centenier, passans devant eux compagnie pour compagnie, pour
voir si tous sont armez & esquipez selon les
ordonnances: S'ils les trouvent bien accommodez, ils les louent & exhortent à perseve-
rer, à tenir leur esquipage leste, pour servir le
public si l'occasion se presente, avec promes-
ses d'estre liberalement honorez de charges

& hõneurs, venãs à ſe mõſtrer de plus en plus braves, genereux & fideles : Mais s'il y a quelques uns pietres & mal accommodez, & qui manquent à ſe trouver à telles monſtres, il eſt aigrement repris & condãné à groſſe amende, s'il n'y a cauſe legitime, encores faut-il que ſon eſquipage y apparoiſſe avec gés pour lui.

C'eſt pourquoi tant pour le deſir de paroiſtre, que pour crainte de deshonneur, il s'en trouve fort peu qui ſoient en mauvais eſquippage , & qui manquent à s'y trouver au iour aſſigné. On leur fait faire tous les divers ordres & changemens que nous avons dit ci deſſus, & outre cela, ils eſcarmouſchent & combattent contre l'Infanterie en pluſieurs manieres.

Les trois iours paſſez en ces plaiſans exercices, chaſcun ſe retire chez ſoi par les hoſteleries à ſes deſpens, ou bien demande logis au Centenier civil, ce qui leur eſt gratieuſemét ottroié avec l'ettiquette, laquelle faut qu'ils rapportent au matin en menant leurs hoſtes avec eux, pour voir (tout ainſi que font les gés de pied) & ſçavoir s'il ne ſe plaint d'aucune choſe, & s'il a eſté bien paié. Que s'ils ont fait quelque dommage, le Dixenier, ou chef d'Eſquade (car ils ne logent jamais ſans chef) les contrainĉt paier ſur le champ , & s'il a au-

tresfois commis telle faute, il est chastié rigoureusement selon les ordonnances, & si le
Capitaine d'esquade ne tenoit conte d'en faire raison, le Centenier civil le prendra, & a-
pres lui avoir fait son procés, l'envoiera au
Centmillenier de la capitale ville de la Province, lequel envoiera querir le Dixenier a-
vec les Chefs, s'ils estoient en la compagnie,
& la chose averée, il paie le quadruple du
dommage, & tient un an prison, ou mesme
est degradé des armes, ou bien banni, ou puni
d'autre plus grande peine selon l'exigence du
crime.

De l'artillerie, & autres munitions de guerre qui
sont en chasque ville capitale.

CHAP. VIII.

LEs villes capitales ne sont seulement fournies d'artillerie autant
qu'il se peut dire, mais encores garnies tres-abondamment de toutes
munitiõs de guerre, y aiant un tres bel Arsenal
chascune, garni de 50. gros canons de bat-
terie: trente coulevrines, quarante moiennes,
deux cens fauconneaux, soixante orgues: des
perches, mortiers & canons courts en fort

grande quantité, avec poudres & boules
pour tirer cent mille coups.

Il y a pareillement des harnois, rondaches,
pavois, mousquets, arquebuzes, picques, hallebardes & espées, pour armer cinquante mille hommes, lesquelles sont mis par ordre
plusieurs rangs, dans de grands magazins logés
faits en forme de gallerie, lesquels fait merveilleusement bon voir, de façon que quand
il branssle quelque chose dans la Province, ou
païs limitrophe d'icelle, il n'est besoin amener à grands frais ni armes, ni artillerie de la
ville de Sangil, attendu qu'il y en a autant
que nous avons dit, en toutes les six vingt villes metropolitaines : Mais non aux autres, ni
aucunes fortifications, afin que l'ennemi, ou
quelque revolte ne s'en prevalust au prejudice de la chose publique. Car quant à ces
grandes villes, il ne faut pas apprehéder qu'elles se distraient de l'obeissance publique, estás
toutes participantes de l'honneur, bien, & utilité des principales charges du Royaume, y
aiant un deputé de leur corps qui fait partie
du conseil Roial, & quelquesfois un, ou plusieurs Senateurs, & mesme le Roy, tellement
qu'il n'y a personne des Provinces, à cause de
ce bel ordre & grand appareil, qui ose remuer
quereller, ne faire aucune assemblée.

Que fi quelqu'un eft fi ofé & prefõptueux
de le faire, fe fiant à la force de fa maifon, &
fupport de fes amis; Soudain il eft invefti par
les Centeniers & Maiftre de camp des lieux
voifins ou autres, felon que le Prefident ordonne, & s'il ne fe veut rendre, le canon eft
incontinent mené devant, en tel nombre
qu'il eft neceffaire, lui pris, on lui fait trâcher
la tefte, razer fa maifon, & confifquer fes biẽs,
de forte qu'il eft neceffaire que chafcun foit
fage & retenu, vivant felon raifon & iuftice,
autrement on ne la fait pas longue.

De la forme & maniere de camper.

Chap. IX.

OVTE la forme du camp eft
quarrée, grãde & fpacieufe, felõ
la grandeur, ou petiteffe de l'armée. Quand on vient à defpar
tir les quartiers. Voici comme
on y procede.

On depart toute la place en quatre parties
efgales par deux grandes rues s'entrecoupans
à angles droits & perpendiculaires. En ceft
endroit eft marqué le logis pour le General,

aiant deux cents pieds de chafque angle, tou
autour ce logis eft laiffé une efpace de deu
cens pieds de large, auquel les quatre prin
cipales rues aboutiffent.   En cet endroit fon
capez d'un cofté les chevaux legers, lefquel
font donnez au General pour fa garde, &
pour effectuer fes plus prompts & fecrets com
mandemens.

De l'autre cofté les courtifans, à l'oppofi
te les gardes de fon corps : à l'autre cofté le
Senateurs & vieux Capitaines qui lui fon
donnez pour l'affifter de confeil.

Aux deux bouts de ce logement il y a deu
rues qui traverfent jufques à deux autre
grands rues principales qui feparent la cava
lerie & les gens de pied : Aux deux coftez d
ces deux rues traverfantes, font quatre place
en l'une font rengées les munitions de guerr
tant pour l'artillerie, que pour les foldats. E
l'autre, les vivres.   En la troifiefme le gran
Threforier & fes commis.   En la quatriefm
les artifans de toutes fortes, comme maref
chaux, felliers, Arquebuziers, fourbiffeurs, ar
meuriers, tailleurs, cordonniers & telles au
tres fortes d'artifans neceffaires aux armées.

Des deux coftez en fuitte de cefte grand
ruë y a une autre allée, & à quelque diftance
de ces quatre places eft logée la cavallerie.

Debout à autre du camp font tirées trois grandes voies, aiant chafcune vingt pieds de large : Celle du milieu depart la cavallerie & la place en deux : Les deux autres paffent par le derriére du logement de la place & de la cavallerie, feparant l'infanterie d'icelle avec autres rues de mefme longueur & largeur, fellon que le camp eft grand ou petit.

Il y a pareillement plufieurs autres rues traverfantes celles ci, lefquelles font autant de quarres efgaux & fpacieux qu'il faut pour le logement de mille foldats.

Par de là les gens de pied, une defdites rues entredeux, font câpez les pourvoicurs, vivandiers & bouchers avec leur beftail & autres telles fortes de gents.

Aux quatres coings fuivans ceux ci, font les chevaux de l'Artillerie avec les officiers & efquippages : Apres ceux ci, on laiffe encore un efpace vuide tout alentour entre ces derniers logemens & les retranchements & clofures du Câp de la largeur de trois cents pieds tant pour empefcher que le feu ne foit jetté dâs les tentes, que pour pouvoir garder le butin, fe mettre en bataille & tirer le canon, lequel eft rangé par ordre tout du long du rampart.

Apres cela, on fait un retranchement tout

au tour, lequel eſt quelquefois large & creux
de 12. pieds & quelquesfois de vings avec un
rempart & parapet par dedãs haut de douzes
pieds & large d'autant: Le Parapet en a quatres & demi, bien lié de faſcines & gazòns.

Ceſte cloſture eſt flanquée d'eſperons de
cent pas à cent pas, leſquels s'avancent hors
la cortine environ de trente pas, accommodez auſſi de leur trenchées, parapets & répars:

Les portes ſont larges de 18 pieds couvertes
d'une trenchée devant, faite en eſperon, laiſſant ſeulement entr'elle & les foſſez du camp
un paſſage de chacun coſté large de vingts
pieds, afin que ſi l'ennemi vouloit entrer peſ-
lemeſle, ou eut le moien de charger par les
flancs à l'entrée de la porte, & auſſi pour empeſcher de ſe ietter dans le camp ſi ſoudaine-
ment à l'impourveu.

De la maniere de faire les gardes au Camp & de don-
ner le mot.

C HAP. X.

OVTE leſtandue de la courtine du
Camp ſe depart à tous les Milleniers ſelon la grandeur, le nombre
des hommes, & la neceſſité, faiſans
les

les gardes plus , ou moins fortes.

Le soir venu les compagnies qui ont à entrer en garde, viennent passer par la grande
rue, tournãt entour la place du General, la ou
un Seigneur de sa part porte les billets, ou sont
les noms de tous les endroits du Camp ou l'õ
doit faire garde.

Le premier qui passe tire son billet & va au
lieu du sort & tous les autres consecutivemẽt
apres, se rengeans sous petites loges convertes
de paille, joncs, roseaux ou autres matieres.
Les setinelles sõt posées sur chaques poinctes
les flancs, on esperons & quelques fois mes-
nesme on en iette hors les ttenchées à quelque cent ou cinquante pas, afin que donnans
advis de plus loin, les corps de garde se mettent plustost sur leurs armes. Les dites senti-
nelles se relevent quatre fois la nuict au son
du tambour, & des trompettes, afin de reveil-
er, resjouir & tenir les soldats à lerte.

Quaut aux rondes, elles sont du devoir de
la cavalerie, laquelle y est ordonnée par leur
compagnie pour compagnie, elles se font
l'heure en heure de trois à trois, aians une
lanterne avec le mot que leur Capitaine prẽd
au soir du General, & aussi tous les autres Co-
omnels tant de l'infanterie, que de la cavale-
ie: Mais nul né soldats de le sçait sinon ceux

G

qui vont faire la ronde, & les Dizeniers de
chaſque compagnie qui eſt en garde, afin de
le recevoir des rondes qui paſſent.

S'il ſe trouve que les ſentinelles aient eſté
bien poſées & quelles ne ſoient trouvées ny
endormies, n'y hors de leur places, la choſe va
bien: Mais cela n'eſtant, ceux de la ronde qui
ont trouvé la faute, accuſeront le Capitaine &
diront l'heure & l'endroit, auquel ils auront
trouvé le defaut, le lendemain le Capitaine
eſt appellé devant les Colonnels ou Capitaines de mille hommes qui tiennent leur ſean-
ce devant le logis du general.

La choſe verifiée par les deux teſmoins de
la ronde (car il ne faut autre preuve) la ſenti-
nelle laquelle a eſté repreſentée par le Capitaine, eſt paſſée ſur le champ par les armes.
C'eſt pourquoi il n'y a quaſi jamais faute aux
ſentinelles, a cauſe de la ſevere punition qu'elles reçoivent.

Si ceux qui font les rondes faillent auſſi à
leur devoir & à declarer les manquemens des
ſentinelles & corps de garde, ils ſont punis ſelon l'offenſe, & ſi les ſoldats abandonnent leur
corps de garde ſans côgé, ils ſont fouettés par
notte d'infamie & leur donne on un mois durant pout leur manger de l'orge au lieu de froment.

De la iustice & bonne police qu'on tient dans lecamp.

CHAP. I.

ORS que toute l'Armée est arrivée au lieu, ou le Camp à esté designé. On divise toute l'œuvre des tranchées & fortifications entre tous les Milleniers & Centeniers, d'autant qu'il n'y a nuls pionniers, tant pour n'affamer l'armée que pour ne rendre les soldats paresseux laschent & faineans, n'y aiant rien qui fortifie plus les corps que le travail & exercice continuel.

Cependant que l'on travaille, la cavalerie demeure en bataille avec partie des vieux soldats sans que personne ose tendre ses tentes & pavillons ne faire loges, que toutes les fortifications ne soient achevées. Semblablement les bagages peuvent entrer & se mettre aux places qui leur sont marquées.

La besongne parfaicte on leve la tente du General, en apres celle de sa suitte, puis celles des Milleniers & Centeniers tant de la cavalerie, que de l'infanterie. Finalement celles de chasques Dizaines, ausquelles les soldats

logent avec leur Dizeniers vivans enſemble
la deſpence commune, tout ainſi que s'ils e-
ſtoient freres obeiſſant à leur Dixenier, comme à leur peres, ſe portans en proſperité & ad-
verſité avec fortune commune.

Tout ce que le Dizenier commande eſt
fait ſans aucune replique, ſoit en ce qui deſ-
pend de l'Economie du logis que du fait de la
guerre.

Tous les matins ces Dizeniers avec leur
ſoldats vont ſaluer leur Centeniers, tant pour
l'honorer, que pour apprendre de lui ce qui
ſera neceſſaire de faire le iour ſuivant: Les Céteniers en font autant aux Milleniers, les allant accompagner à la tente du General pour
entendre au ſortir de là leurs commandemés.

Quant au General, s'il n'y a des affaires qu
le tiennent trop occupé, ou qu'il ne faille par-
tir le iour, il fait un tour par les grandes rues
& tout autour du camp pour voir lui meſme
l'œil ſi tout y eſt en bon ordre. Cela fait il s'en
va diſner & avec lui quelques Conſeillers
Milleniers, & autres des plus apparens de l'armée, car ſa table eſt touſiours de ſoixante ſerviettes, & quand il n'y mange point, elle ne
laiſſe d'eſtre auſſi bien ſervie, eſtant tenue par
l'un des Seigneurs du conſeil de guerre.

Advenant qu'il face beau temps, que l'on ſe

journe & qu'il ne faille aller au fourrage ; les
fordats tant de la cavelerie que de l'infanterie
s'exercent en la façon qu'avons dit ci deſſus,
nul ne peut fortir du camp ſans le congé de ſõ
Capitaine, ſous grande peine, n'y auſſi paſſer,
ou franchir le rempart à peine de la vie, le tenant entr'eux comme ſacré: Si on va aux four-
rages il eſt ordonné avec qu'elle eſcorte &
chef on y doit aller.

La iuſtice s'adminiſtre tous les matins tant
par les Milleniers de l'infanterie, que ceux de
la cavalerie dans deux grandes tentes placées
pres celle du General, là ou ils pratiquent les
loix & ordonnãces de guerre, puniſſans principalement la laſcheté negligence, larrecins,
infidelité & deſobeiſſance pour eſtre vices
fort preiudiciables en une armée.

Il n'y a point de bourreaux mais ſont les
ſoldats meſmes qui executent les ſentences,
ou les dix ſergents deſtinez à cela, leſquels
marchent devant le general veſtus de ſes couleurs, aiant chaſcun une large eſpée nue, &
trenchante à la main pour ceſt effect.

Quand il faut combattre ou que l'armée ſe
trouve en quelque peril, ou bien que l'on eſt
pour entreprendre quelque choſe de grand,
le General monte ſur un tribunal fait de ga-
zes de ſix pieds de haut pour de là haranguer

aux ſoldats n'y aiant rien au monde qui aie tant de force & pouvoir d'aſſeurer & exciter les courages, que telles exhortations.

Nuls marchants n'oſeroient apporter aucune choſe au camp ſervant à amollir & effeminer les courages, mais ſeulement les utiles & neceſſaires.

Toutes garces, joueurs de paſſe paſſe & boufons en ſont bannis.

Nul ſoldat ne prent aucune choſe ſans paier ſur les amis & alliez, ny auſſi ſur l'ennemi s'il ne lui eſt permis:

Nul ne deſrobe, n'y trompe ſon compagnõ, apeine d'eſtre rigoureuſement puni & rendre le quadruple.

Il n'y a ne cartes, ne dez, ny autres telles eſpeces de ieux, d'autant qu'ils rendent le ſoldat oiſif, querelleux, blaſphemateur & prompt à entreprendre toutes ſortes de meſchancetez pour argent.

Nulles armes, ny eſquippages de guerre ne ſe peuvent vendre, ny engager. Car ſi le ſoldat vient en neceſſité par cas fortuit, ou maladie, il eſt eſt aidé de ſes compagnons, ou le Threſorier lui avance argent ſur ſa paie. Par ainſi il y a fort peu de diſeteux.

Si on gagne du butin en une bataille, ou aſſaut il eſt partagé entre les Capitaines & ſol-

dats felon leur paie & appoinctement , tant à
ceux qui ont combattu, qu'a ceux qui ont demeuré en la garde du cáp. Les armes font te-
nues nettes & luisátes & aussi les habits a peine d'estre tenus pour gés inutiles & de peu de
courage, ne faisant estat de ce dont ils doivent
conserver leur vie & acquerir de l'honneur.

Ie pourroi beaucoup davantage m'esten-
dre sur cette matiere, le champ estant assez
ample & spacieux , & bien digne d'estre con-
sideré. Mais craignant d'ennuier le lecteur,
je n'en dirai davantage pout cette heure.

Comment & avec quel ordre l'armée chemine fortant
hors du Camp.

C H A P. XII.

V A N D l'armée fort de fon lo-
gemét feló le païs & que l'ennemi est proche , ou loin, foi-
ble, ou fort , le General la dif-
pofe felon fa prudence, & qu'il
recognoift estre necessaire, n'estant possible
de donner reigle en cas si divers que font les
evenemens de la guerre : mais pour l'ordinaire & en general , lors que l'ennemi est pres.

voici comme ils marchent.

Les chevaux legers ſortent les premiers,
puis toute la gendarmerie ; apres, le tiers des
gens de pied, puis l'artillerie & tout ſon eſquipage avec les pionniers, (leſquels ſont en nõbre de dix pour chaſque piece) charpentiers,
charrons, mareſchaux, petardiers, maſſons,
minerons & autres ſortes de gens neceſſaires
aux ſieges des villes. En ſuitte vient le reſte de
l'armée, horſmis quelques troupes de gens de
pied & cavallerie qui ſerrent la queuë du bagage.

Si l'ennemi eſt loing, chaſque Millenie
marche à la teſte de ſes gens, & les Centenie
apres en file, chaſcun avec ſes troupes peſl-
meſle, enſemblement le bagage, tant pour aller plus viſte, que pour aider leurs ſommie
& beſtes de voicture, ſi elles viennent à tomber, ou ſe trouver en quelque mauvais paſſage.

Si l'armée doit paſſer en païs de bois, montagnes & mareſcages, avec doubtes d'embuſ-
ches: la moitié des gens de pied marchent devant, apres le bagage ; avec deux aiſles d
mouſqueraires & arquebuziers, puis la cavalerie aiant ſes ſoldats ſur les flancs. Finalemé
le reſte des gens de pied.

Si on marche en grandes pleines, & qu

l'ennemi soit fort de cavalerie, on fait aisle &
rempart du bagage : Si d'infanterie, on le laiſſe derriere, & eſcarte-on fort la cavallerie ſur
les flancs pour embraſſer l'ennemi en forme
de croiſſant.

S'il marche a coſté, on met toute l'armée
entre le bagage & lui.

Si on eſt en doute de quel coſté il peut venir, on met ledit bagage au milieu, l'infanterie devant & derriere, & la gendarmerie ſur
les flancs, & les chevaux legers en teſte, & de
beaucoup d'autres manieres, comme il plaiſt
au general d'en diſpoſer ſelon les occaſions.

De l'ordre que l'on tient quand on veut combattre.

Chap. XIII.

VANT à l'ordre, voici comment
on diſpoſe l'armée allant au combat.

Premierement ſi l'armée eſt comme de douze mille hommes de pied & de
trois mille chevaux : on depart les gens
de pied en trois, les cheuaux legers en deux,
& la gendarmerie en quatre. Ce qu'eſtant
fait, on met quatre mille hommes de pied ſe-

parez en quatre bataillons de chaſcun mille
hommes pour l'avantgarde, à cent pas diſtãs
l'un de l'autre. A autre cent pas de chaſque
coſté on met les chevaux legers : Derriere
ceux-ci, à quelque cent cinquante ou deux
cent pas, on met quatre autres mille hommes
pour la bataille, leſquelles regardent en eſchi-
quier les eſpaces vuides de ceux de l'avant-
garde ſur les deux flancs : la moitié de la gendarmerie droit derriere les chevaux legers.

En l'arriere garde, on met les autres quatre
mille hommes de pied, les bataillons eſloignez à deux cens cinquante pas les uns des
autres, afin d'eviter la confuſion de ceux de
l'avant-garde & bataille, ſi d'aventure ils e-
ſtoient repouſſez. Car de ceſte façon il ne
peut advenir aucun deſordre, d'autant qu'on
laiſſe autant d'eſpace entre ceſdits bataillons
de l'arriere garde, qu'il ſuffit à les recevoir
tous, s'ils eſtoient rompus. Et la raiſon pourquoi ils rangent en tel ordre leur armée, il eſt
bien neceſſaire de le declarer, m'aiant eſté ra-
conté par un de leurs plus experimentez Capitaines eſtant avec l'Ambaſſadeur du Roy
qui eſtoit pour lors à Bandan. Ce que premierement ils mettent leur cavalerie ſur les
flancs, non devant, ni entre les bataillons, eſt
pour obvier à la confuſion qui peut advenir,

la cavalerie estant repoussée dedans l'infanterie, ce qui a causé bien souvent de grandes
desfaites, & aussi pour enclorre l'ennemi & le
charger à flanc & à dos, lui couper chemin à
la retraitte s'il advenoit qu'il fust rompu.

C'est pourquoi ils separent ainsi leurs gens
de pied en petits bataillons, c'est afin qu'estás
comme cela à parcelles, l'espesseur du bataillon n'apporte confusion, & qu'estans ainsi se-
parez, il y a plus de front & plus de gens qui
combattent, & aussi qu'avenant du desordre
en un bataillon, les autres qui sont encores
en leur entier, le secourent mieux à propos,
que s'ils estoient en ce mesme desordre.

Pour compte de la disposition de l'avant-
garde, bataille, arriere garde, il ordonne de
ceste façon, d'autant qu'il est beaucoup plus
expedient de renouveler par trois fois le combat, que de hazarder confusément le tout à
une seule fois: aussi qu'une petite troupe de
l'avant-garde aiant desja esbranlé le gros de
l'ennemi, ceux de la bataille qui viennent a-
pres, le desfont facilement, ou s'ils ne peuvēt,
ceux de l'arriere garde ioincte à eux, en ont
bon marché apres.

C'est la mesme raison pourquoi ils ne font
les batailles de plus d'un, ou de deux mille
hommes.

Leur artillerie eſt poſée aux deux bouts,
dans les eſpaces qui ſont entre l'infanterie &
la cavalerie, & quelquesfois entre les gens de
pied, ſelon le lieu & la neceſſité. Tous les
picquiers ſont au milieu des bataillons, & les
arquebuziers & mouſquetaires ſur les flancs,
ou quelquesfois meſlez entre les rangs des
picquiers, & quelques autresfois au centre du
bataillon.

Quand on vient au combat, les mouſquetaires ſont ſalve de rang en rang, tournans en
cercle, iuſques à ce que le premier rang en
tournant revienne à ſa place d'où il eſt parti:
puis mettans la targue à la main, & l'eſpée
l'autre: s'avancét enſemble avec les picquiers
vers la cavalerie ennemie.

Si c'eſt contre de l'infanterie, les picquiers
laiſſent leurs picques derriere les bataillons,
ſe ſervans ſeulement du pavois & de l'eſpée.
Car la picque n'eſt bonne à combattre les gés
de pied, embraſſants par trop, & puis elle ne
ſert de grande choſe, cóme on l'a experimenté, contre les pavois & rondaches, d'autant
qu'entrans par deſſous on les rend inutiles &
de nul effect.

Si les lieux ſont ineſgaux, marecageux, couvers de bois ou montagneux, les Capitaines
en uſent ſelon leur prudence, les advenemens

de la guerre , comme nous avons dit ci des-
fus, estans si divers, qu'il est impossible donner reigle aux ordonnances des batailles, si la
practique & le bon jugement ne le demon-
stre. Toutesfois ils retiennent quasi ces preceptes generaux , ne les changeans iamais
gueres, s'ils n'y sont forcez, d'autant que l'ordre est fort bon, & plein de belles & artificiel-
les considerations & d'heureux advenemens
ne perdans que fort peu de batailles: mais sur-
monte glorieusement presque tousjours les
ennemis.

Des armées & esquipages de mer.

CHAP. XV.

AYANT traicté des armées terrestres, nous passerons maintenant aux navales.

Sçachez donc que le Con-
seil aiant voulu avoir en main
non seulement les armées terrestres, mais encores les navales , deffendit de non fabriquer
aucuns vaisseaux en tous les havres & ports
du Royaume, sinon en la ville capitale de Sã-
gil, où pour ceste occasion il fut basti un grãd

arſenal ſur le coin de ladite ville, aia'nt bien
mille quatre cens pas de tour avec logemens,
magazins & grandes galeries, pour filer les
cordes, coudre les voiles, & pour mettre à
couvert tous les autres artiſans neceſſaires à
la marine, & auſſi pour loger les chanvres,
marrains & les autres munitions de guerre: le
tout fabriqué d'une tant belle & excellente
architecture, que le lieu en eſt admiré d'un
chaſcun.

Au milieu il y a un grand eſtãg, qui a huiã
ou dix braſſes de fond creuſé artificiellemẽt,
dans lequel paſſe un des bras du fleuve proce-
dant de ce grand lac, lequel nous avons dit
ci deſſus eſtre à dix lieuës au deſſus, de Sangil. Sur le bord ſont arrangez ſous certains
couvers bien deux cens galeres ſubtiles, &
bien cinquante galeaſſes, & quarante cinq
galions du port de douze à quinze cens tonneaux preſts à tous evenemens à eſtre pouſſet
dans l'eau.

Ceſt eſtang a un canal, lequel a quelque
vingt pas de large, qui va reſpondre à la mer
par lequel on y conduit tous vaiſſeaux.

Quand à l'artillerie, picques, arquebuſes,
mouſquets, arcs & fleſches, ils ſõt ſans nõbre.

De ſurplus qninze cens artiſans travaillans
tous les iours là dedans, tant pour le public,

que pour les particuliers, desquels les magistrats retirét le prix des choses marchandées,
d'autant que tels artisans son gagez du public. On tient que ces labeurs desfraient tout
l'equippage naval sans qu'il couste aucune
chose au public.

Outre cest appareil il y a tousiours cinquante galeres à l'embouscheure du goulphe pour
la garde, chascune desquelles est de trente
bancs, & la generale de trente cinq, peinctes
& embellies de divers ornemens, avec six ga-
leasses, & autant de galions, chascun de cinq
cens tonneaux.

Ceste armée est commandée par un admiral de grande authorité, lequel se change tous
les ans, & aussi les Capitaines, afin que tous
les galans hommes s'exercent tant par mer
que par terre.

Quand aux soldats & autres officiers, ils
font perpetuels pour instruire les jeunes Capitaines, & les empescher (n'aians encores la
practique) de ne faire rien mal à propos, d'autant que tels vieux routiers de Pilotes & Ma-
telots sçavent toutes les rades, bancs, escueils
& cognoissent les saisons & mutations des
temps, quand il fait bon en un lieu, & quand
en un autre, là où l'air est mal sain, & là où il
est salubre, chose necessaire à qui veut exer-

cer ce meſtier, la moindre faute qui ſe fait e-
ſtant de grande conſequence.

Les Rois de la grande & petite Iave ſont
entrez autresfois dans ce goulphe avec grandes armées ,pour l'envahir : mais ils ont eſté
batus & ont perdu grand nombre de gens,
bien que leur armée fuſt compoſée de plus de
de quatre cens voiles: Car cent galéres eſtant
promptement ioinctes avec cinquante de la
garde , & vingt galeaſſes avec autant de galions , ils les ſouſtindrent bravement, où apres
une ſanglâte & cruelle bataille, le Roy d'Antangil obtint une glorieuſe victoire, mettant
juſques au nombre de cent vaiſſeaux ennemis
à fond, & environ cinquante bruſlez, & autât
de pris. Voila quant aux armées navâles.

LIVRE

LIVRE QVATRIESME
DE LA NOVRRITVRE
ET INSTRVCTION DE
la jeuneſſe.

De la ſtruĉture des baſtimens de l'Academie.

CHAP. I.

OMBIEN la nourriture de la jeuneſſe ſoit de grande importance à la felicité d'une Republique, comme ceux qui en ont eſcrit l'ont fort bien recognu, meſmes que toutes les exhortations, peines & chaſtimens ont peu d'efficace pour rendre les hommes meilleurs, ſans eſtre premierement, diſciplinez & inſtruits : car comment eſt-il poſſible de faire gouſter la modeſtie, la vertu & la gloire, à gens imbeciles, ruſtiques, felons ou effeminez, qui n'ont aucune ſcien-

H

ce ni raifon.

Nature quand elle nous forme, ne met pas
au commencement les plus vives couleurs,
il faut que la nourriture & les preceptes les y
appliquent, voire quand ce feroit les efprits
les mieux nez, & plus difciplinables.

Les arts & fciences ne s'apprennent que par
lecture & practique, encore que pour y faire
profit, faut-il eftre enfeigné par de bons maiftres. Ce que recognoiffant ces fages Architectes qui ont fondé ceft Eftat, voulurent entre leurs plus belles ordonnances, que la ieu-
ne nobleffe, & les plus riches du peuple, lefquels on recognoiftroit eftre bié nez, feuffent
liberalement nourris en toute difcipline civile & militaire : faifant baftir pour ćet effect
une Academie, ou lieu d'exercice, à cinq cés
pas de la ville royale, en lieu aëré, eminent &
plein. Et tout ainfi que la ieuneffe eft divi-
fée en trois aages, de mefme auffi il fut fait
trois grandes cours pour les logemens, fepa-
rées l'une de l'autre de quelque cinquante
pas, & une quatriefme d'efgale grandeur, tant
pour les Claffiques, que pour les Profeffeurs,
lefquelles ont quatre cens cinquante pieds
par chafcune face, dedans en dedans, qui
font en tout dixhuict cens pieds : du long def-
quelles font baftis fix logis de quatre eftages

de haut, aiant chafcune cinquante pieds de
face, compartis en deux longues fales, chafcune de quarante pieds de long, & neuf de
haut, fort percées des deux coftez: L'une pour
manger, repeter les leçons, & donner du plaifir à la ieuneffe : L'autre pour coufcher, & entre chafque deux logis, eft une efpace, où il y
a un efcalier large de cinq pieds, commun &
à l'un & à l'autre : & ce qui refte à la longueur
de l'intervale en fuitte de l'efcalier, font les
chambres & eftudes des pedagogues ou maiftres de chambres, de façon que lefdits fix logis avec les efcaliers & châbres des maiftres,
comprennent juftement les quatre cens cinquante pieds de chafque face.

Par le milieu de chafque cour, eft une belle & grande fontaine pour la commodité de
tous les logis, d'autant que cefte jeuneffe e-
ftant efchauffée par continuels exercices ne
fe peut paffer de tels rafraifchiffemens.

Toutes cefdites fontaines fe vont defcharger dans les conduits & lieux des immondices, afin d'empefcher la puanteur & corrup-
tion de l'air, & de là dans le fleuve.

Entre les intervales que nous avons dit de
chafque cour, il y a d'un cofté un grand logis,
tant pour les cuifiniers, que pour le pourvoieur & fes gens. De l'autre cofté eft le tem-

H 2

ple pour faire les prieres, & divin fervice tous
les matins, lequel eſt en ovale fait à degrez à
mode d'amphitheatre, capable de tenir trois
mille perſonnes, avec le logis de ceux qui ad-
miniſtrent la parole de Dieu , & auſſi une
grande & belle Librairie.

Ces trois cours & intervales eſtant ainſi
ordonnés , il s'en trouve une autre quatrieſme de meſme grandeur, ou plus longue, là où
ſont toutes les ſales, tant pour les Claſſiques,
que pour les Mathematiciens , Philoſophes,
Medecins, Legiſtes,& Theologiens, leſquelles ſont toutes par degrez iuſques au haut, &
par le milieu avec ſieges & poupiſtres, afin de
rendre les lieux plus commodes & capables
de tenir beaucoup d'auditeurs.

Outre les trois Librairies que nous avons
dit, qui ſont pres des temples , il y en a une en
ce lieu beaucoup plus fameuſe, pleine de cent
mille volumes de livres , les plus beaux & rares qui ſoient en tout le monde.

Tout autour de ces quatre grands cours
on laiſſe une eſpace de trois cens pieds tout
applani ſans qu'il y ait aucune choſe, puis ioignant tel eſpace, en eſt laiſſé un autre, regn
auſſi tout autour de quatre cens cinquant
pieds de large, planté en quinquaux de che-
nes verds à nonante pieds loing les uns de

autres, qui font cinq larges & longues allées,
tant pour faire les exercices l'esté, comme
pour les pourmenades.

Par de là ces allées, il y a encore un autre
espace regnant aussi tout autour des allées de
trois cens pieds de l'arge, sans qu'il y ait aucune chose, afin de faire les exercices en beau
temps à descouvert, iouer & passer le temps.

Au long & tout autour de tel espace sont
basties de grandes galeries en appentif larges
de quarante pieds, estant par le dehors appuiées sur les murailles de la closture de l'A-
cademie, hautes de vingt pieds & large de
quatre, & par le dedans sur fortes colomnes
de pierre, distantes trente pieds l'une de l'autre sans estre planchées, ni lambrissées, mais
seulement couvertes de forte ardoise, n'estât
lesdites galeries faites pour parade & ornement, mais seulement pour faire les exercices
lors que par le mauvais temps on ne peut demeurer dehors.

Toute la closture de ceste Academie peut
contenir de longueur environ mille cinq cés
& huict pas de long, & de large huict cens soixante & sept.

Par le milieu de la traverse de ceste closture, il y a une magnifique porte en mode d'arc
triomphal avec huict belles grosses & lôgues

H 3

colomnes toutes d'une piece , leſquelles ſe
iettent en ſaillie, accompagnées de leurs py-
laſtres, chapiteaux, corniches & frontons, &
au dedans des intervales de chaſque quatre
colomnes , qui eſt de deux toiſes de large &
quatre de haut, il y a deux grandes niches, dãs
leſquelles ſont colloquées les ſtatuës de Mars
& de Minerve, & ſur les frontons, celles de la
Pieté & de la Iuſtice.

Au milieu du frontiſpice, il y a une grande
table de marbre noir , où ſont eſcrits en lettre
de bronze doré, des elegans vers à la louange
de l'Academie & des inventeurs d'icelle, &
le temps auquel elle fut edifiée.

A coſté de ceſte porte par le dehors des murailles , il y a deux pavillons avec une terraſſe
qui les ioinct l'un à l'autre, auſquels ſont logez
les Gentils-hommes correcteurs & gouverneurs de l'Academie, en ſuitte deſquels il y
a deux autres corps de logis, où ſont pluſieurs
chambres pour loger les Regens , Docteurs,
& Maiſtres des exercices, comme tireurs d'armes, baladins, voltigeurs, ſauteurs & qui vont
ſur la corde, enſemble auſſi les muſiciens , &
ioueurs d'inſtrumens, comme tambours, fiffres, haut-bois, cornemuſeurs, violons, &c.
Apres on laiſſe une grande ruë de vingt pas
de large tout autour des murailles, & une au-

tre de mesme largeur respondant à ceste grande porte, longue, tant que la veuë se peut e-
stendre.

Aux deux costez de ceste grande voie sont
enclos en carré deux cymetieres de huict cēs
pas de tour, aiant chascun une muraille de
pierre de taille à acoudoirs de deux pieds
d'espesseur, & trois & demi de haut, avec
quatre portes, ou entrées au milieu des cour-
tines, là où sont engravées sur grandes tables
de marbre noir, des vers en la louáge de ceux
en general, lesquels ont persisté jusques à la
fin à vivre & mourir vertueusement, pour la
gloire de Dieu, service du Roi & de la Patrie.

C'est en ce lieu où sont ensepulturez tous
les grands personnages, à qui le public a voulu dresser tombeaux & statues pour leurs merites, fidelitez & grands services, afin que la
jeunesse voiant ordinairement ces simula-
chres d'hōneur & de vertu devant leurs yeux,
soient poussez par une genereuse emulation à
bien faire pendant leur vie, pour apres leur
mort eterniser leur nom par telles honorables
memoires.

Outre ces bastimens il y en a encores deux
tres-necessaires, l'un, des escuiries & manege,
l'autre, de l'hospital ou enfermerie, pour medicamenter les malades de l'Academie, tant

H 4

de la nobleſſe, que de tous les autres officiers
& ſerviteurs.

Nous parlerons premierement de l'eſcuirie.
laquelle prend juſtement vis à vis des dernieres murailles des logemens du troiſieſme aage, tout au long de la grande muraille, aiant
de longueur quatre cens pas, & deux cens de
largeur: tout autour deſquelles ſont rangez
mille chevaux à deux rangs, ſur chaſque dixaine deſquels eſt mis un maiſtre Palefre-
nier & une aide, & ſur chaſque centaine de
chevaux un Eſcuyer & quatre Creas: D'ailleurs, il y a un grand Pourvoyeur, lequel fournit foin, paille & avoine à chaſque cheval,
pour le prix & ſomme de douze ſols par jour.

Aux quatre coings de ceſte eſcuierie ſont
quatre pavillons, contenans vingt belles
chambres chaſcun, pour loger les Eſcuyers,
Creas & autres Officiers, & outre cela, un
grand portal pour ſortir dans la carriere, dont
la porte eſt large de quinze pieds, & haute de
trente, au front de laquelle eſt un grand cheval de bronze, avec inſcriptions à la louange
des Cavaliers, & de la generoſité & utilité du
cheval.

En ce grand portal eſt logé le grand Eſcuier
avec ſon train.

Au deſſus des eſcuieries ſont les greniers

pour mettre les foins & avoine pour un an s'il
est necessaire. Depuis ce portique & derniere muraille de la closture des escuieries est le
manege long de huict cés pas de largeur desdites escuieries, là où d'un costé est bastie une
galerie en appentif pour manier les chevaux
l'hyver par le mauvais temps : il y a aussi deux
portes aux deux bouts de ce manege, & une
troisiesme respondant vis à vis des logemens
du troisiesme aage , d'autant qu'il n'y a que
ceux-là qui montent à cheval, afin d'estre plu-
tost dans le manege, & n'avoir à faire un si
long tour.

Quant à l'hospital, il est de l'autre costé à
main droite, premierement il y a une traverse
de muraille de deux cens pas de long, & une
autre semblable à trois cens pas de celle-là, a-
vec une troisiesme, laquelle se joinct aux autres carrément.

Ce pourpris est le jardin de l'hospital, ou se
trouvent toutes sortes de verdures , & herbes
medecinales mises par ordre, compartimens
& allée.

Au milieu de ceste derniere muraille est bastie logis qnarré, lequel contient trois cens
pieds de chasque face.

Par le dedans de la muraille de ce iardin,
sont basties deux longues galleries à deux e-

ſtages, garnies chaſcune de cent liĉts, avec les feneſtres regardans les jardins, dont l'une eſt pour la nobleſſe & gens de qualité, aiant des appartemens & cloſtures entre les liĉts, qui ſont beaucoup meilleurs & mieux encourti-nez que les autres, avec chaſcune ſa chambre aiſée, ſous leſquelles paſſent de petits ruiſ-ſeaux qui emportent les immondices.

L'autre coſté eſt pour les maiſtres d'exer-cices, Ioueurs d'inſtrumens, palfreniers & autres ſervans à l'Academie.

D'un coſté dudit hoſpital ſont grandes ſa-les bien pavées & peinĉtes, où les malades paſſent le temps à pluſieurs ſortes de petits jeux, comme au billard ſur table, au galet, & inſtrumens de muſique, & auſſi pour manger lors qu'il ſe commencent à mieux porter. Vis à vis de ces ſales ſont logez les Officiers, avec vingt & quatre Religieux pour penſer les ma-lades.

Au troiſieſme coſté ſont les cuiſines, ſom-melerie, boulangerie, boucherie, & autres tels offices.

Au quatrieſme ſont les magazins de bleds, vins, fruiĉts, & auſſi les chambres & ſales des Medecins & de leurs officiers, avec les bou-tiques & grandes chambres pour reſerver les fruiĉts, herbes & racines, & toutes autres eſpeces de drogues.

Au milieu de cefte cour, y a une belle grande fontaine, laquelle eft decorée de fix ftatuës
de bronze reprefentãs des femmes nues, bien
proportionnées, qui jettent l'eau par leurs
mammelles, tãt pour la commodité, que pour
la recreation & plaifir de la veuë, ladite cour
eft pavée feulement tout autour, la largeur
de vingt pieds, avec huict allées de mefme
largeur qui font auffi pavées, venans des quatre angles & du milieu, lefquelles refpondent
toutes à un quarré de pierres de taille qui eft
autour de la fontaine de mefme largeur, &
dans les quarrez & intervales que font les allées, font plantez divers beaux arbriffeaux
verdoians en tout temps, comme ciprés, lau-
riers, myrthes, buys, houx, & favigners, & par
deffous, petis compartimens de buys à fleur
de terre, le tout pour mieux recréer l'efprit &
la veuë des malades.

Le cymetiere eft par dehors entre les murailles du iardin & de l'Academie, hors de la
veuë des malades, de peur de les eftonner,
aiant quatre cens pas de tour, clos & fermé de
murailles.

Voila quant aux logemens, lieux des exercices, efcuyeries, hofpitaux & cimetieres.

De quelle façon le conſeil proceda à la creation de ce-
ſte grande Academie.

CHAP. II.

YANT eſté ordonné que la jeune nobleſſe ſeroit nourrie enſemble de la façon que nous dirons ci apres.

On fit un Edict que les Peres nobles de toutes les Provinces, aux côditions que les pauvres fuſſent nourris, entretenus & diſciplinez aux deſpens des riches, ſans qu'il couſtaſt aucune choſe aux peres & meres.

Que pour les riches, ils paieroient leurs penſions ſelon la valeur de leurs biens, & commoditez de leurs maiſons, ainſi qu'il ſeroit taxé par le Preſident, apres avoir ſçeu des Milleniers & Centeniers civils la valeur de leurs biens & commoditez.

De ceſte façon les riches viennent à paier la penſion des pauvres côme inſenſiblement. Tellement que le public n'en reſſent que fort peu de charge & d'incommodité.

Ceſt Edit ne fut pas pluſtoſt publié que chaſ-cun amena ſes enfans avec une extreme ale-

greſſe,tant pour le deſir que les riches avoient
de voir leurs enfãs biẽ inſtruits,& à beaucoup
moins de frais qu'ils ne faiſoient auparavant,
que les pauvres ſe deſcharger des leurs, avec
eſperance qu'ils pourroient un iour parvenir
à quelque honorable charge & dignité auſſi
bien que les riches, n'y aiant entr'eux aucune
exception, à cauſe que la vertu, ſageſſe & ſçavoir ſont ſeuls la diſtinction entr'eux.

A pres cela on fait proviſion de Maiſtres de
chambres ou pedagogues,Regents, Philoſophes, Mathematiciens, Medecins, Iuriſcon-
ſultes & Theologiens ; puis de Muſiciens,
Peinctres, Eſcuyers, Tireurs d'armes , ſaul-
teurs, baladins & de toutes ſortes de joueurs
d'inſtrumens,avec les pourvoieurs qui entre-
tiennent chaſque table de ſerviettes , vaiſ-
ſelles & vivres , & auſſi de marchands pour
fournir d'habits, chemiſes, chappeaux,cein-
ctures, jarretieres & ſouliers, le tout à certain
prix.

Avec quel ordre la jeuneſſe eſt miſe ſous les Maiſtres de chambre ou Pedagogues.

CHAP. IiI.

REMIEREMENT toute ceſte jeuneſſe fut diviſée en trois aages, le premier depuis ſix juſques à douze, de douze juſques à dix-huiſt, de dixhuiſt à vingt & quatre, qui eſt le temps auquel ils ſortent de l'Academie pour aller en charges, ou pour accompagner les Magiſtrats.

Apres chaſcun des aages eſt diviſée par vingtaines, & donné en charge à un Precepteur qui a tout pouvoir ſur eux, avec un couple de valets, leſquels ſont tailleurs, afin de les recoudre, les accommoder, & nettoier leurs habits.

S'ils ſont du premier aage, ils ſont logez en un des eſtages du logis de la premiere Cour, leſquels, comme nous avons dit, ont chaſcun deux belles ſales, l'une pour coucher, où tous leurs liſts ſont tendus de deux en deux: l'autre pour manger, repeter, eſcrire, deſſigner & chanter en muſique.

Au bout de la sale où ils couchent est la chambre du Maistre ou Precepteur, & une estude avec un bon nombre de livres,lesquels y demeurent perpetuellement , leur estans donnez par compte.

On en met autant aux trois autres estages, lesquels sont tous semblables.

Les deux autres aages sont logez de mesme sous leurs Maistres, chascun en sa cour.

Les Officiers, Regens, Docteurs & maistres d'exercice sont logez hors des cours , aians chascun leurs chambres, estudes & cabinets, selon leur qualité & profession. De façon que quand tous les logis de toutes les trois Cours sont pleins, il se trouve neuf mille huict cens Academiques, sans les Maistres, Regens, Docteurs & serviteurs.

De quelle façon la ieunesse est disciplinée par les Maistres des chambres.

CHAP. IV.

LES Maistres aians receu leurs disciples en charge, les exhortent à bien obeir , estre sages & dociles sans se faire aucunement gour-

mander à peine deſtre rigoureuſement chaſtiez, leur promettant auſſi les aimer & rendre honneſtes & bien conditionnez s'ils veulent s'aſſujettir à l'eſtude & comprendre avec
attention les beaux preceptes qu'ils leur en-
ſeigneront.

Ce petit preface eſtant fait, tous les matins
à quatre heures en tout temps (depuis que le
Royaume a eſté reduit au Chriſtianiſme) on
les fait lever, habiller, peigner, & laver les
mains, puis ſe mettre à genoux, le Maiſtre
faiſant la priere, leur liſant & interpretant
quelque choſe du Catechiſme, ou des commandemens de Dieu, tant qu'ils ſoient bien
inſtruits en la foi, ſelon leur capacité. Ce qu'e-
ſtant fini, ils chantent la pauſe d'un Pſeaume,
& ſe ſeparent pour aller à cinq heures en claſ-
ſe, en laquelle le Maiſtre les aiant conduits
iuſques à huict heures que la cloche ſonne
pour aller au temple, où ils vont en bon ordre
avec leurs Maiſtres de chambre, prenant auparavant un morceau de pain large de quatre
doigts.

Le preſche fini, qui pour le plus ne dure
qu'une heure, chaſcun s'en va aux exercices de ſon aage juſques à onze heures, leſquelles ſonnées on revient au logis pour diſner
iuſques à midi.

Le

Les tables levées, on rend graces à Dieu en mufique avec voix & inftrumens, felon qu'il plaift aux maiftres.

Depuis midi iufques à une heure, le premier aage apprend à faire quelque figure Geometrique.

Le deuxiefme aage s'exerce aux nombres, aux deffeins & à iouer du luth.

Le troifiefme apprend la peincture, l'architecture, profpective & fortifications avec l'Aftrologie. Car quand à la Cofmographie, & defcription du monde, tant en general qu'en particulier, cela leur eft monftré comme en riant à toutes heures, y aiant tout autour des fales, plufieurs fortes de Mappemondes tant anciennes que modernes, qui font fufpédues, comme auffi plufieurs autres portraicts des plus grandes & fameufes villes de l'univers.

L'heure frappée on retourne en claffe iufques à quatre heures, & de là iufques à fix, aux exercices.

Apres, fi c'eft l'hyver, on fe retire pour fouper & repeter les leçons. Si l'efté, on leur donne congé de fe mefler pefle mefle, fe iouer enfemble, & difcourir de ce qui leur plaift.

Puis eftans retirez on prie Dieu & fe va-on coucher à neuf heures precifément, fans qu'il foit licite à aucun veiller le foir, non plus que

I

dormir le matin.

Voila la façon & maniere comment ils sont
conduits & maniez par leurs precepteurs.

De leur boire & manger.

CHAP. V.

L y a un grand Pourvoieur, lequel fait apprester à manger en
dix lieux pour chafque mille perfonnes, aiant pour chafcun Aca-
demifte, la fomme de cent livres
par an, aux charges de fournir nappes, ferviettes , pain, vin, fruicts & fallades, il donne
quatre un potage, deux livres de bon bœuf &
de mouton avec une entrée de table , une fa-
lade & un plat de fruict, du pain tant qu'ils en
veulent, & une pinte de vin, meflé avec moitié eau, & quand ce feroit un Prince ou le fils
d'un Roy, fi faut-il qu'il vive de ceft ordinaire. Bien eft vrai que felon les temps on leur
donne quelquesfois du veau , chevreau, a-
gneau & poulailles à mefme portion. Car là
dedans il n'y a patiffiers, cabaretiers, ni autres
efpeces de frippons, gourmans & corrupteurs
de la ieuneffe.

Les valets font nourris du refte, & le furplus eft emporté par les ferviteurs des Pourvoieurs.

Tous les deux jours ils ont des nappes &
des ferviettes blanches.

Tous les Maiftres de claffes, d'exercices,
& les Docteurs, font leur defpenfe eux mefmes, comme il leur plaift, eftans bien gagez &
ftipendiez.

Pendant qu'on difne, le maiftre de chambre mettra quelque propos en avant, felon la
capacité de fes efcholiers, les faifant tous ref-
pondre les uns apres les autres, les loüant s'il
les recognoift argus & prudens, ou les blaf-
mant, fi ftupides & tardifs, afin de les rendre
par ce moien fubtils & advifez aux refponfes.

De leurs habits & chauffeures.

CHAP. VI.

OVT ainfi que leur manger eft
fort fimple, auffi font leurs habits. Il y a un marchant four-
niffeur qui leur donne chafcun
deux habits par an, l'un d'hiver
& l'autre pour l'efté: celui d'hiver eft un pour-

point de bonne fuſtaine renforcée, avec les
chauſſes de ſarge, garnies d'un ſeul paſſement
& bas de meſme.

Celui d'eſté eſt de leger camelot decoupé
à jour, avec trois bas de chauſſes, deux de toile blanche, & le troiſieſme d'eſtame, des ſouliers de marroquin tous les mois, deux chappeaux de la couleur des habillemens, l'un
fort, l'autre leger, garnis de pennaches & d'u-
ne medaille d'argent doré, en laquelle eſt l'i-
mage du Prince.

Tous les ans on change leurs habillemens
de couleur, d'autant que la varieté & le chan-
gemét delecte, les diſtinguans ſelon les trois
aages. Au ſurplus il leur eſt donné douze chemiſes, vingt & quatre paires de chauſſons,&
autant de mouchoirs, avec jarretieres, eſgui-
lettes & ceintures ſelon leurs habits, le tou
pour ſix vingts livres par teſte pour chaſqu
année, leſquelles ſont payées tous les ſix mo
par le Threſorier general. Et quand ce ſ
roit le fils du Roy, ſi n'oſeroit-il porter aut
habit ſans eſtre accuſé de preſomption, gloi
& arrogance, & quant & quant eſtre banni
l'Academie, & declaré indigne de iama
pouvoir poſſeder aucune charge : Car
qu'on en fait, c'eſt pour leur apprendre la fr
galité, le bon meſnage, & à ſe rendre fam

liers & communs à tous, ne se faisant aucune
distinction entr'eux que par la vertu & merite d'un chascun, le moindre estant autant là
dedans que le plus grand Seigneur.

On leur donne à chascun une espée & un
poignard, & de surplus à ceux du plus bas aage un petit dard doré. A ceux du second &
troisiesme, on leur donne des picques, des ar-
quebuses & pavois legers, afin de les façonner
& exercer, lesquelles armes sont enfermées
dans trois grandes sales hors de l'Academie
ioignant le portal, où sont Messieurs les Correcteurs & Gouverneurs, estans donnez en
charge à des Fourbisseurs gagez, lesquelles
ils tiennent nettes & polies. Ce qui a esté
ainsi ordonné, de peur qu'advenant quelque
mutinerie, ou querelle, la ieunesse prompte à
la main & temeraire, ne se saisisse de ces armes
pour s'offenser les uns les autres.

Des sciences & arts qu'on leur apprend selon leur
  aage.

CHAP. VII.

COMBIEN que la coustume soit en
plusieurs nations, de faire apprendre premierement les langues à la

ieuneſſe à cauſe de la neceſſité d'icelles, pour
n'eſtre les bons livres tournez aux langues
vulgaires , il n'a eſté neceſſaire de le faire en
ce Royaume, d'autant que toutes les ſciences
ſont en langue vulgaire , & meſme on tient
que les Indiens, anciens Bracquemanes, Egy-
tiens, Arabes, Chaldeens & Grecs, ont pui-
ſé leur ſçavoir des vives ſources de ſcience de
ce peuple. Ce qui a eſté un tref-grand ad-
vancement & ſoulagement de l'eſtude de ceſte ieuneſſe, eu eſgard à ceux qui paſſent le
plus beau de leur aage , à s'acquerir la co-
gnoiſſancé des langues , leſquelles puis apres
leur ſervent de fort peu.

    La premiere choſe donc qu'on apprend de
ſix à douze ans, c'eſt à bien lire & bien eſcrire
toutes ſortes de lettres, puis la Grammaire, la
Poëſie & l'Hiſtoire, avec la muſique, & quelques petits principes de Geometrie & de
Coſmographie.

    Au ſecond aage on lit la Rhetorique, les
Mathematiques, la Dialectique, Phiſique &
Metaphiſique, avec les plus beaux & elegans
Orateurs, & les plus belles parties de la Medecine. D'ailleurs aux heures les moins importantes, comme apres diſner & ſouper, on
leur mõſtre à deſſigner, peindre, l'Architecture, fortificatiõs & perſpective, continuant ce-

pendant toufiours la mufique & autres exercices commencez au premier aage, conferás
& difputans outre cela tous les iours apres les
leçons, pour confirmer ce qu'ils ont appris,
pour fe rendre l'efprit aigu & fubtil, afin de
ne demeurer courts, mais affeurez & refolus
aux obiections & repliques qui leur font faites.

Le troifiefme aage continuë les mefmes e-
xercices, & outre plus, apprend les loix & ordonnances du Roiaume deux ans durant, de-
clamer ordinairement & practiquant le palais, afin de fe rendre expers à bien iuger des
controverfes, & entendre les formalitez du
Droict.

Si quelques uns font enclins à la Theologie, ils y peuvent eftudier, & felon leur capacité eftre promeus aux honneurs & charges
Ecclefiaftiques, comme nous dirons ci apres.
Mefme les plus religieux & elegás efcholiers
y font exhortez par les Seigneurs de l'Academie, comme eftant la plus digne & excellente profeffion de toutes, aiant Dieu & la Religion pour object.

Le refte du temps, qui eft quatre ans, ils fe
rendent practiques, & ce confirment en ce
qu'ils ont appris. Car la guerre advenant, ils
peuvent fortir de l'Accademie à vingt ans, &

porter les armes. Autrement il faut qu'ils ac-
compliſſent leur temps, mais avec quelque liberté d'aller ſe pourmener par la ville & à la
Cour: Ce qui n'eſt permis aux autres.

Des exercices ſelon leur aage.

Chap. VIII.

L y a beaucoup d'hommes ſi im-
pertinens & peu conſideratifs, leſquels aiant une ieuneſſe entre les
mains, n'ont aucun eſgart à leur
portée, foibleſſe & bas aage les mettans d'a-
bordée aux plus penibles & violents exercices, ce qui eſt cauſe de leur apporter une infinité d'incommoditez tout le temps de leur
vie: Mais en ceſte floriſſante Academie on
n'y procede pas de ceſte façon, au contraire
on y conſidere meurement la foibleſſe & la
force, & ſelon icelles on ordonne les exercices.

Ainſi au premier aage, ils iouent à la trompe, au moine, à la foſſette, à la croſſe, à la balle,
à la table, au cerf; ils apprennent les pas de la
danſe ſans aucunes cabrioles, entrechars, ni
ſauts ronds, & autres petits jeux où il n'y va

que du courre, fans aucuns efforts.

Au fecond aage , ils commencent à apprendre à tirer des armes , danfer par haut,
voltiger, manier une legere picque avec la
courfe, les barres forcées, faulter des haies,
foflez, & la jarretiere à hauteur de poiftrine,
iouer à la balle forcée, nager en toutes façons,
jouer à la longue paume & au tripot.

Le troifiemfe aage continuë les exercices
du fecond , & d'abondant ils iettent la barre,
luictent avec les plus forts , paffent à nage de
groffes rivieres l'efpée à la main & la cuiraffe
fur le dos , ou bien tirans avec les dents quelques grands fardeaux apres eux, afin de pouvoir fe fervir de cefte adreffe aux canufades &
furprifes de ville, où il y auroit quelque grande riviere, ou foffé plein d'eau : Ils conduifent
auffi toutes fortes de batteaux à toutes mains,
foit en montant , defcendant, ou traverfant
les fleuves & rivieres: Ils apprennent encores
outre cela à aller fur la corde , & à tenir le
corps droit en efgale balance, afin que fi à l'a-
venture il falloit paffer fur quelque muraille
eftroite , ou franchir fur les bois & couverts
des maifons, ou fur les bords, planches & pôts
de corde des vaiffeaux, ils ne foient eftonnez,
mais ils cheminent d'affeurance comme en
terre ferme, ils graviffent encores fur les plus

hauts arbres & rochers, quaſi inacceſſibles, a-
fin que venans à grimper ſur murailles à demi
ruinées, ou ſur rochers entrecoupez, ils paſſent librement & ſans aucun eſtonnement,
Ils montent ſur des tours & murailles aſſez
hautes avec deux poignards acerez, les mettant l'un apres l'autre dans les fentes des pierres aiant le corps ſuſpendu en l'air, & deſcen-
dent tout de meſme.

Quelquesfois ils combattent en la barriere
armez de toutes pieces avec picques mor-
nées & eſpées rabatues, tant pour les apprendre à porter droit les coups, qu'à ne s'eſtonner
du chamaillis des maſſes & eſpées: Et pour le
dernier des exercices, ils apprennent à bien
faire aller un cheval, ſoit par terre, ou par
haut ſelon que requiert ceſte profeſſion, &
encores davantage à deſcendre de cheval
courant à toute bride, & à remonſter de meſme, ſauter d'un cheval ſur l'autre en courant,
courre les pieds ſur la ſelle tout droit ſans
fleſchir, & auſſi la teſte contre bas & les pieds
à mont, combatre à la mode des Scytes, tenant un cheval ou deux à la main & l'eſpée à
l'autre, changeant de cheval en courant, lors
qu'on voit que celui ſur lequel on eſt, eſt las
ou bleſſé : & pluſieurs autres ſoupleſſes neceſſaires à rendre les corps agiles, & à bien com-

battre tant en efcarmouche qu'en bataille
rengée.

Outre ces exercices , ils apprennent à bien
ferrer, medicamenter & emboufcher les chevaux. Voila quant aux exercices.

― ― ―

Comment outre les fciences & exercices qu'ils ap-
prennent des Maiſtres,il leur eſt donné des chefs
qui leur apprennent à marcher & ſe mettre en or-
dre de baiaille , & faire les divers changemens
que peut faire un bataillon.

CHAP. IX.

ENCORE que toute ceſte jeuneſſe aie des Maiſtres de chaſque profeſſion. On a trouvé
bon qu'ils fuſſent rengez ſous
Dixeniers , Centeniers & Milleniers, leſquels euſſent commandement ſur
eux, non dans l'Academie, mais quand ils
ſortiroient dehors en armes, d'autant que les
Pedens leur apprennent ordinairement quelques façons de faire ſerviles & mal ſcantes,
leſquelles ne reſſentent le ſoldat, ni l'homme
de courage, qui veut vivre & rouler galem-
ment par le monde.

Pour à quoi obvier il eſt ordonné que tous les lundis ils ſortiront aux champs (car les Dimanches ſont ſanctifiez ne ſe faiſant autre choſe ſinon prier Dieu) ſe pourmener, & ſur le ſoir jouer aux barres, ou à la balle forcée, d'autant que la ieuneſſe ne pouvant eſtre en repos, ſi elle n'eſt occupée, il faut tousjours qu'elle face quelque mal. C'eſt pourquoi on leur permet, meſme le Dimanche, paſſer le temps à quelque leger exercice.

Premierement le jour aſſigné, les Mille-niers & Centeniers font ſonner de grand ma-tin les trõpettes, haut-bois, cornemuſes, cor-nets à bouquins, tambours & fiffres, y aiant de toutes ſes ſortes d'inſtrumens à chaſque com-pagnie ; les trompettes pour donner ſignes des commandemens des Capitaines: les tam-bours & fiffres, afin d'animer les courages a-vec leurs furieux ſõs, & les cornemuſes, haut-bois & cornets à bouquin pour tenir le ſoldat joieux & gaillard, tant dedans le camp, où on danſe certains branſles militaires en rond, où chacũ eſt en ſa place ſãs ſe tenir par les mains, faiſans divers pas, cabriolles, ſauts ronds, en-trechardes & autres telle s gétilleſſes, ou bie ſe tenans la main de deux en deux, ou tous en rond, ſelon que les joueurs d'inſtruments les invitent, ou quelquesfois on chante de plaifantes chanfons, foit à la louange de Dieu, du Prince, ou des faicts heroiques des grands perfonnages qui ont vefcu par le paffé, un, ou deux chantans, & tous les autres refpondans : Car avec la fureur, il faut avoir de l'allegreffe & de l'harmonie en toutes les actions militaires.

Ce qu'ont fort bien recogneu ceux qui ont poliffé les meilleures & plus floriffantes Republiques, car la furie feule a de la befte, mais meflée avec la raifon, l'allegreffe & la temperance, elle eft excellente, appartenant feulement à l'homme.

Les dernieres chamades faites, chafcun fort en place les armes en la main, les Capitaines lés mettans par rang, tantoft deux à deux, trois à trois, quatre à quatre, cinq à cinq ou dix à dix, changeans tout ceft ordre en marchant quand il leur plaift, fans qu'il advienne aucune confufion.

Cela fait, il fort dix Centeniers aians leur Millenier en tefte, devant lequel marchent vingt de fes foldats, & auffi trois jeunes hommes lui fervans de pages, dont l'un porte fa picque, l'autre fon pavois, & le tiers fon morion doré couvert de belles plumes.

Apres eux viennent mille jeunes hommes du premier aage, puis fuit un autre Millenier

en méſme ordre. Finalement un troiſieſme
s'il y en a autant, & ainſi conſecutivement du
ſecond & du troiſieſme : Mais il faut ſçavoir
que le Millenier & Centeniers du premier
aage ſont du ſecond ; & ceux du ſecond, du
troiſieſme ; & ceux du troiſieſme, des Gentils-
hommes de la Cour, qui ont desja exercé
charges ; envoiez par les Milleniers honorables de la nobleſſe ſelon qu'ils ont eſté eſleus
par le troiſieſme aage, afin qu'ils inſtruiſent
ceux qui ſont ſous leurs charges en ce qu'ils
ont desja appris.

Telles places leur ſont données par les enfans meſmes à la pluralité des voix, afin que
chaſcun s'efforce de ſe comporter de telle façon qu'il acquiere du credit & de la reputa-
tion parmi ſes cõpagnons, non par meſchancetez, affronteries ou violéces, mais par vraie
modeſtie & ſageſſe.

Celui qui fait l'office de General, eſt un des
Seigneurs qui a regard & authorité ſur toute
l'Academie, avec deux autres aides & Sergens de bataille, leſquels ſont à cheval, afin de
faire entendre aux Milleniers la volonté du
General, cõment ils ſe doivent ranger, quelle ſorte d'eſcarmouſche ils feront devant la
bataille feincte, & de quelle façon ils vien-
dront au choc & combat general. S'ils ſe ſe-

parent en deux , il y a deux Generaux & Sergens de bataille.

Ces chofes ainfi ordonnées, chafque Millenier met fon Regiment en bataille dececfto
façon.

Premierement il met au premier rang tous
les Centeniers, Lieutenans, Enfeignes & Appoinctez , puis fix dixaines de picquiers par le
milieu, & quatre dixaines de moufquetaires
& arquebuziers fur les flancs. De façon que
ce fecond rang fans les Centeniers , Lieutenans Enfeignes & Appoinctez eft juftement
de cent hommes, tous les autres font de mefme.

Les foldats font efloignez l'un de l'autre
par les rangs de fix pieds , & par les files de
trois, s'eflargiffans ou ferrans plus ou moins,
felon qu'il leur eft commandé.

Les vingts Sergens font fur les flancs & fur
le derriere, afin de faire tenir bon ordre, de
maniere que ce bataillon eft en quarré longuet, aiant fix cens picques par le milieu, &
deux cens moufquetairesou arquebuziers fur
chafque flanc.

Si on recognoift le bataillon de leur ennemi eftre d'exceffive efpeffeur, on les double,
ou triple: Mais de les mettre en plein quarré
equilateral: ou efgal de tous coftez, cela ne fe

fait jamais, d'autant qu'une telle espesseu
empesche la moitié des soldats de combattre
qui sont au corps du bataillon, au lieu d'en
faire front, & s'il advenoit que l'espouvante
s'y mist, il seroit aussi tost rompu qu'un plus
petit, sans esperance de le pouvoir remettre
pour n'y avoir autres troupes entieres qui le
puissent seconder.

Le bataillon ainsi composé, on le fait marcher deux ou trois cens pas sans rompre l'ordre, ni esloigner les distances à peine d'estre
repris & chastiez. Apres tous les Capitaines
& soldats aiant le visage tourné en arriere
font la contre-marche ou conversion en ceste
maniere

Les Capitaines au lieu de marcher en avant
passent à l'interval des rangs en menant le
soldats des files apres eux, jusques à tant que
le soldat du dernier rang soit parvenu à la place, où estoit le premier. De ceste façon les
parties du bataillon se trouvent avoir changé
de situation & de face, & non de forme, demeurant tousjours en mesme lieu, puis aiant
les Sergens de la main droite en teste, les soldats tournent visage droit là, & cheminant
par les files occupent autant de place que co-
tient le bataillon ou davantage, selon qu'il
plaist au Millenier, puis retournans le visage
ver

vers les Capitaines, ils fe trouvent efloignez à
droicte par droicte ligne autât qu'il aura pleu
au Capitaine, fans avoir changé la forme &
figure du bataillon, il en fait autât s'il veut fur
le cofté fenestre, & cela s'appelle marcher par
file à droict & à gauche. S'il veut retourner
le bataillon en arriere, on fait tourner vifage
auffi aux foldats, cheminans par rangs, s'efloi-
gnâs tant qu'on veut du lieu auquel on eftoit,
puis retournant vifage vers les Capitaines, on
trouve que le bataillon a auffi changé de lieu
& non de forme.

Apres, ils tournent tout le corps du bataillon fur le coing dextre, faifant un quart, ou
demi tour, les plus efloignez commençans à
marcher les premiers, & les autres confecu-
tivement, tant qu'ils viennent à former le bataillon, fur le lieu qui fait le quart ou demi
cercle, aiant changé de lieu & de fituation.
On en fait autant fur le gauche.

Ces divers exercices achevez, on dreffe
des efcarmoufches, arquebuziers contre arquebuziers, ou bien meflez avec la cavalerie,
qui font foldats du troifiefme aage, montez
fur des chevaux du manege que le public entretient, qui font en nombre de mille, tous
beaux, & parfaitement bien dreffez, avec non
petite utilité de la ieuneffe, laquelle apprend

K

en les dreſſant, & auſſi de la gendarmerie, qui
trouve à toutes heures de bons chevaux à a-
cheter, car tels chevaux ſe vendent à honneſte prix, avec utilité du public, lequel en retire un grand profit, y aians marchands qui
ſont tenus en fournir de jeunes à certain prix,
qu'on met à la place de ceux qu'on oſte.

Ces eſcarmouſches bien debattues, les bataillons s'approchent, & les arquebuziers qui
avoient eſté tirez de leurs corps, ſe remettent
en leurs places, là où le premier rang des deux
ailes commence à tirer à la diſtance de cent
pas & non plus, dans la face de l'ennemi, &
conſecutivement tous les autres en tournant
tant que les premiers ſoient revenus en leurs
places.

A l'inſtant l'ennemi s'eſtant tellement ap-
proché, qu'il n'y a plus moien de s'aider des
mouſquets & arquebuſes, ils les jettent par
terre, & prenans leurs pavois au bras gauche
& l'eſpée à la main droite, le vont charger de
furie par les flancs.

Si c'eſt contre l'infanterie, les picquiers
mettent auſſi la picque bas, combattans ſemblablement avec le pavois & l'eſpée.

Si c'eſt contre la cavalerie, ils ſerrent les
rangs l'un contre l'autre, heriſſonnant la teſte
du bataillon, les arquebuziers ſe coulans der-

riere icelui, tirent inceſſamment par deſſus
la teſte des picquiers, qui ſont comme à demi courbez en avant, les picques appuiées
contre terre, & la poincte à hauteur du poi-
ctral des chevaux.

Ces batailles feinctes eſtant venues iuſques
à la longueur de la picque, paſſent l'un dans
l'autre ſans ſe rompre aucunement, puis eſtás
à cent pas les unes des autres font la converſion, ou contre-marche, ſe venans encores à
rencontrer deux ou trois fois.

La cavalerie aiant fait les meſmes exercices, combattent entr'eux ſur les flancs de la
bataille, là où ils ont eſté rangez, tout ainſi
qu'ont fait les gens de pied.

Ainſi en ce plaiſant exercice les eſcarmouſches & batailles ſe finiſſent. Quelquesfois le
Roy & Meſſieurs les Senateurs font faire
quelque fort, ou ville feincte, de bois peinct
avec foſſez & retranchemens, devant laquelle on met le ſiege, faiſant les approches,
tirant l'artillerie: les aſſiegez ſe defendent de
meſme ſans aucune balle, puis on donne l'aſſaut, & eſcalade ſans aucunes armes defenſives ni offenſives, ſinon les mains.

Les vainqueurs ont le prix propoſé.

C'eſt là où on voit la magnanimité, agilité
& ſoupleſſe de la jeuneſſe, chaſcun deſirant

K 2

de monſtrer ſon courage, & ce qu'il ſçait faire de bon, devant une tant notable & excellente aſſemblée, qui eſt quelquesfois de plus
de cent mille perſonnes arrangées ſur cha-
faux à degrez à mode d'amphitheatre, ou ſur
hautes levées de terre, faites auſſi expres par
degrez : Mais il faut noter qu'à ce combat, il
n'y a que ceux du ſecond & troiſieſme aage,
encores ceux du ſecond ſe trouvent derriere
les autres, ſans ſe mettre des plus avant aux
coups. Et ce qui eſt de plus plaiſant en tous
ces combats, c'eſt quand les jeunes artiſans
de la ville ſe mettent à attaquer, ou deffendre
le fort contre ces Academiques, car lors on
voit la difference notable qu'il y a entre gens
bien nourris & exercez, à dés perſonnes mols
& effeminez, leſquels n'ont ni adreſſe, ni valeur. Ce qui encourage grandement ces petits nourriſſons de Mars, & donne un merveilleux contentement au Roy, au Senat, &
à toute la nobleſſe du Royaume, voians leurs
enfans bien inſtruicts, vaillans & diſpos ; Car
il n'y a perſonne qui les oſe faire nourrir à
part en leurs maiſons, à peine d'eſtre pour jamais privez dés charges publiques, nuls
n'y pouvans eſtre appellez, qu'ils n'aient eſté
nourris en l'Academie, ou s'il eſt du vulgaire,
qu'il n'aie fait de grands & ſignalez ſervices

qui furpaffent, ou pour le moins efgalant les plus beaux faits de la nobleffe : Car afin de n'ofter le courage de bien faire au commun peuple, on ne leur a voulu totalement retrancher le chemin aux honneurs & dignitez de la Republique.

Autrefois on fait quelques combats navals, par ceux feulement qui fçavent parfaitement nager, qui eft chofe auffi agreable à voir, & de plaifant rencontre, à caufe de la varieté des vaiffeaux peincts & colorez, & auffi des habits bigarez qu'ils portent en tels lieux. Chofe fort utile pour fe difpofer & façonner aux combats de la marine, le Senat aiant voulu que la nobleffe fache faire toutes fortes de profeffions & exercices, comme de verité cela fe peut fort facilemeut faire, quand du cõmencement & de bonne heure, on eft bien difcipliné & exercé, cõtre l'opinion que tiennent, une infinité qu'on tient pour galants hommes, lefquels font plus dignes d'eftre mis au rang des faquins que des nobles, & des gens d'efprit. Car on voit en ce païs le contraire de leur fauffe opinion.

K 3

En quel temps ceſte ieuneſſe ſort de l'Academie, & ce qu'elle fait epres, tout le reſte de ſa vie.

CHAP. X.

Es vingt & quatre ans accomplis, ils ſortent de l'Academie, & de la ſubjection de leurs Maiſtres & Precepteurs pour venir reſider en la Cour, afin d'eſtre emploiez aux charges publiques : mais combien qu'ils ſoient hors de la ſubjection deſdits Maiſtres, ſi eſt-ce qu'ils ne ſont pas laiſſez aller totalement à leur volonté, eſtans mis par chambrées, cinq à cinq, aians un Dixenier par deſſus eux, & chaſque deux dixaines prennent leur repas enſemble, en une des ſales de leur logis, un d'iceux faiſant la deſpenſe par chaſcune ſepmaine, aians ſeulement quatre valets, un pour chaſque chambrée qui ſert à tous.

Sur chaſque Centaine il y a un Capitaine, mis de la part du Conſeil, homme d'aage & d'authorité, qui a pouvoir de leur commander quand ils ſont envoiez en quelque expedition, prenans garde à leurs mœurs & fa-

çons de faire, de peur qu'ils ne fe corrompent
& declinent de la bonne nourriture & difcipline qu'ils ont receuë de longue main.

Ces Centeniers ou Capitaines ont un Millenier par deffus eux de plus grand pouvoir
& dignité, à qui les Centeniers rapportent
tout ce qui fe paffe en cefte nobleffe, il eft
nommé le Millenier honorable de la nobleffe, & ceux qui ont pareille charge portent u-
ne cotte d'arme de velours cramoifi, avec les
armes du Roy en broderie d'or, le refte du
chant eft parfemé de trophées de guerre; Ils
ont mille efcus de penfion, & les Centeniers
quatre cens.

Ceux de la nobleffe qui ont des moiens, ne
touchent aucun argent du public, eftimans
entr'eux chofe plus honorable de donner, &
ufer de liberalitez, que de prendre, n'aiant aucune neceffité, l'avarice eftant entr'eux efti-
mée un des plus vilains vices dont les galants
hommes peuvent eftre entachez.

Quant aux pauvres, dont le revenu de leur
maifon ne paffe cinq cens livres, encores
quelquesfois chargez d'enfans, ou de debtes,
on leur donne trois cens livres, outre les cẽt
qu'ils ont pour nourrir leur cheval. De façon
qu'avec cefte paie & penfion, ils s'entretien-
nent fort honneftement, eftans reglez à pe-

tit train & simples habits. Car personne n'en
porte que de sarges, camelots, toiles, ou telles
petites estoffes. Ce qui leur aide aussi bié fort,
est la liberalité de leurs riches côfreres & cô-
pagnons, lesquels n'ont aucune chose chere
pour leurs amis, aians presque parmi eux cô-
munauté de tous biens. Il ne se voit aucunes
querelles ne duels. Au contraire, toute con-
corde, bien-vueillance, allegresse & passe-
temps.

S'il y a des disputes, c'est sur les arts & sciences, où l'on combat bravement de paroles &
de raisons, soit à table, ou pourmenades, ausquelles ils se trouvent tous les jours, sortans
des grandes Escholes d'ouir les Rhetoriciens,
Mathematiciens, Philosophes, Medecins, Le-
gistes & Theologiens, lesquels le Roy entretient pres de son palais, afin que chascun puisse apprendre continuellement choses nouvelles, & ce confirmer en celles qu'on a appris.

La porte aussi de l'Academie ne leur est in-
terdicte quand ils y veulent aller, ce qui n'est
permis à autre qui que ce soit, le Conseil ne
voulant que tant de beaux preceptes soient
communiquez aux estrangers & au peuple.

De ceste façon ils demeurent six mois par
an en la Cour, lors qu'ils ne sont emploiez

aux charges publiques, non feulement eftans
jeunes ou en fleur d'aage, mais encores iufques à l'extreme vieilleffe, ou qu'ils ne puiffent plus cheminer & faire voiage, fans qu'aucun ofe faillir, fi ce n'eft pour caufe de maladie, ou grandes affaires, les Céteniers de leurs
Provinces efpiãs toutes leurs actions, lefquels
ne laiffent paffer aucune chofe, à peine d'encourir eux-mefmes la peine de l'ordonnance. Voila l'ordre à peu pres qu'ils tiennent
tout le temps de leur vie eftans fortis de l'A-
cademie.

De la façon comment eftans fortis de l'Academie, ils
font envoiez aux Provinces pour exercer les char-
ges publiques.

CHAP. XI.

NTRE le nombre de ces jeunes
gens qui fortent de l'Academie,
ceux qui font deftinez au fervice
divin, font envoiez aux Evefchez
pour côtinuer leurs eftudes, & eftre emploiez
aux charges Ecclefiaftiques, comme nous di-
fons en traictant de la Religion.

Tous les noms des autres font mis dãs une

grande boüette en la ſale du Senat, où de là
ils ſont tirez en l'aſſemblée publique, comme
ils viennent au ſort, pour eſtre envoiez aux
Provinces faire leurs coups d'eſſai.

Les premiers offices en quoi ils ſont emploiez, c'eſt Millenier populaire, Advocats
ſuivans les Preſidens & Conſeilliers, Gardes,
& ſuivans les Centmilleniers populaires, Cõ-
mis des Threſoriers ou Receveurs generaux
pour viſiter les terres & domaines de la Couronne. Et pource qu'il faut qu'ils deſpendent,
& qu'ils ſoient un peu mieux veſtus, on leur
donne trois cens livres outre leurs gages ordinaires.

L'année de leur charge revoluë, ils reviennent à la capitale ville, en laquelle leurs Pre-
ſidents, Conſeilliers & Centmilleniers decla-
rent de quelle façon ils ſe ſont comportez en
leur adminiſtration , & quelle eſperance par
conſequent le public peut avoir de la capacité de chaſcun d'eux , louant publiquement
ceux qui auront bien fait, & au contraire blaſ-
mant & chaſtiant ceux qui ſe ſont mal comportez : puis ils ſont licentiez pour trois mois,
& remet-on leurs noms dãs une autre queſſe,
d'autant qu'il faut que tous ceux qui ſont en
la premiere ſoient emploiez , premier que
ceux-ci ſoient retirez de nouveau, remarquãt

e Confeil tant par les paroles des Magiftrats qui ont efté aux Provinces, que par les papiers des Greffiers, ceux qui ont fait quelque acte de iuftice, prudence ou magnanimité, afin de mettre leurs noms dans une autre queffe à part, pour eftre emploiez en plus grádes charges & offices.

La deuxiefme fois que les noms de cefte jeuneffe font tirez au fort, ils font emploiez aux Capitaineries des galeres, aux eftats de Confeilliers, Dixmilleniers politiques, Centeniers de la nobleffe, foit de ceux qui refident en la Cour, ou aux Provinces.

Eftans revenus de leurs charges, on examine leurs comportemens, remarquans derechef ceux qui ont le mieux fait, & eftans exhortez par le confeil à fe comporter de mieux en mieux, on met leurs noms dans une troifiefme queffe, pour eftre faits Prefidens, Threforiers, Centmilleniers, Milleniers honorables de la jeuneffe, ou Superintendans de l'Academie, & de là aians paffé par tous ces offices, & de nouveau efprouvez & examinez, leurs noms font mis dans la quatriefme queffe pour eftre efleus Senateurs, Secretaires, Chácceliers Threforier general, Viceroi, & mefme Roy, fi leur vertu, fervices & grands merites en font reputez dignes.

Voila la façon comment de grade en grade
ils parviennent aux honneurs, & non par a-
chepts, ventes troques,on faveurs ; Ce qui eſt
la miſere, ruine & calamité totale de tous E-
ſtats & Republiques.

S'il faut aller à la guerre, ſoit pour la defen-
ſe de la Patrie, ou pour ſecourir les alliez,tous
les Milleniers, Mareſcaux de camp, Sergens
de bataille, Centeniers, Lieutenans & Enſeignes, tant de la cavalerie que de l'infanterie , ſont eſleus du corps de ceſte nobleſſe, &
auſſi le Maiſtre de l'artillerie & les Commiſ-
ſaires.

Bref toutes les principales charges, honneurs & dignitez ſont en leurs mains,ſans que
le peuple s'en offenſe,eſtát juſtement & equi-
tablement gouverné par eux,aians toutesfois
laiſſé place à la vertu d'un chaſcun de pouvoir parvenir à ſemblables dignitez, comme
nous avons dit ci deſſus.

LIVRE CINQVIESME
DE LA RELIGION
DE CE PEVPLE.

Annonciation du S. Evangile en Sangil ville capitale du Royaume d'Antangil, par un Braquemane tres-sçavant nommé Byrachil disciple de Sainct Thomas.

CHAP. I.

LA vraie Religion & Pieté estans les deux lumieres qui nous conduisent à la bien-heureuse felicité, tant en ce monde, qu'en l'immortalité, qui est la fin la plus noble de toutes les actions humaines.

C'est pourquoi i'ai voulu aussi la reserver pour l'ornement & derniers traicts de cest œuvre, vous faisant entendre premierement en quel temps ils receurent la clarté da Sainct Evangile., & comment apres en avoir esté il-

luminez, ils difpoferent des formalitez & ceremonies d'icelle.

Quelque temps apres la mort & paffion de
noftre Seigneur Iefus Chrift, l'Apoftre Sainct
Thomas eftant envoié du Sainct Efprit aux
Indes Orientales pour annoncer l'Evangile,
ainfi que le refmoignent nos Hiftoriens Ecclefiaftiques, & auffi les Indiés, lefquels mon-
ftrent encores aujourd'hui fa fepulture à Ma-
lipur, fur le bord du goulphe de Bengela.

Ce grand & fainct perfonnage aiant amené
par fa doctrine & faincteté de vie grand nombre de peuples au giron de l'Eglife entre lefquels y avoit plufieurs Braquemanes tref-fça-
vans Philofophes, lefquels comme difciples
apres avoir receu l'impofition des mains, allerent par toutes les contrées de Perfe, Tarta-
rie, Chine, Iappons, Taprobane & autres, là
où ils firent un grand fruict convertiffans plufieurs ames au Souverain Createur & Re-
dempteur d'icelles.

Or entre tous ces difciples y en avoit un
nommé Byrachil grandement zelé, plein de
foy & du S. Efprit, faifant plufieurs miracles,
gueriffant à fa feule parole les maladies inve-
terées, & incurables & refufcitant plufieurs
morts, lequel aiant oui parler de ce grand
Royaume d'Antangil & de la police qu'on y

gardoit estima que ce seroit un digne champ
pour y semer la pieté & foy Chrestienne, estât
necessaire que ceux qui veulent faire quelque fruict en la Religion, aiant esté premierement assujettis sous le ioug de la raison &
des bonnes loix, d'autant que c'est une eschel-
le pour monter à plus haute cognoissance, la
Religion & la foy n'estans qu'un but auquel
toutes autres vertus doivent tendre, tellemêt
que quiconque n'a atteint jusques là, ne peut
monter plus avant, combien qu'ils soient tirez
par toutes sortes d'admonitions; côme nous
voïos qu'on n'a nullement profité à la côver-
sion des sauvages qui sont par les bois n'aiant
aucune civilité.

C'est pourquoi nostre Byrachil s'achemi-
ne en ce Royaume passant premierement par
la Taprobane & la grande Iave : Mais trou-
vant des esprits rudes & nullement discipli-
nez, il n'y peut faire que peu de fruict, ce qui
l'occasionna d'y faire peu de sejour & de passer du port de Bandan ville de Iava à Sangil,
en laquelle estant arrivé, il commença à prescher par les maisons, places & entrées des tê-
ples des Idoles; Car ce peuple estoit Payen &
Idolatre, recognoissant toutesfois un souverain Dieu principal Monarque, du ciel & de
la terre; premier moteur & facteur de l'uni-

vers : Mais le tout confus & plein d'ignorance, idolatrie & superstition.

Le Senat en estant incontinent adverti par le Centmillenier Politique, lequel ne souffre aucune nouveauté estre introduicte sans premierement examinée & permise, il est apprehendé & mené devât lui en voulant avoir la cognoissance, Dieu l'aiant ainsi permis, afin que le Roy & ces Seigneurs du conseil estans convertis, tirassent apres eux tout le reste des peuples de leur obeissance à la cognoissance de ce haut secret de pieté.

Le Roy l'interrogua lui mesme, lui demandant qui l'avoit amené, en ses païs & pourquoi il estoit si osé de prescher une nouvelle doctrine sans congé des Magistrats, attendu les rigoureuses defences de non innouer aucunes choses en la police & religion, veu qu'l'une ni en l'autre on ne pouvoit augmenter, ny d'iminuer aucune chose sans y apporter de l'impefection.

Que lui & le Senat lui avoient bien voulu faire l'honneur nonobstât le crime qu'il avoit commis, douïr ses defenses contre la coustume cela dependant des Iuges. Presidens & Conseillers.

Ce sainct personnrge rempli de divine sapience commença sa defence par treshumble

les remercimens de l'honneur qu'il lui faisoient de le vouloir entendre & que pour ceste faveur il leur en demeureroit pour tout
jamais obligé, leur voulât bien monſtrer auſſi
en recognoiſſance d'un tel bien fait, les erreurs & fauſſetez de leur Religion, & apres, la
voie & chemin de bien croire pour paſſer de
là à l'immortalité bienheureuſe. A pres cela, il
ſe met à confuter la vanité des Idoles par raiſons philoſophiques, leur monſtrant combien
elles eſtoient inutiles & le ſervice qu'ils leur
faiſoient de nul fruiᵈ & valeur en cette vie,
n'y auſſi apres la mort.

Apres il leur diſcourt du vrai Dieu tant par
raiſons philoſophiques, que par la verité des
hiſtoires ſacrées, leur monſtrant qu'elle eſtoit
ſa nature, force, grandeur, puiſſance & amour
envers nous, venant de là à la creation & au
peché de l'homme, à ſa mort & confuſion, en
laquelle il avoit enclos le genre humain, &
comme il failloit pour reparer cette breſche,
qu'il feuſt envoié un vrai Sauveur. Dieu &
homme pour nous rendre par ſa mort la vie &
les graces que noſtre premier pere avoit per-
dues par ſa deſobeiſſance.

Que tout ce que Dieu avoit promis par
tous les Sainᵈs livres eſtoit advenu comme
l'ont teſmoigné les ſainᵈs Evangeliſtes & A-

L

postres,& entre autres saincts Thomas dont il
avoit esté disciple,lequel avoit confirmé ceste
doctrine par tant de miracles dont il estoit fidele tesmoing,qu'il estoit impossible que ceste doctrine ne feust tresveritable & qu'il estoit prest selon qu'il en avoit heu la puissance
du Seigneur Iesus de faire le mesme, qu'avoit
fait ce sainct Apostre pour leur verifier le mesme & leur monstrer que la doctrine de l'Evangile,n'estoit seulement en paroles , mais avec
toute efficace & vertu.

Ceste longue predication qui dura pour le
moins deux heures,feust pleine de tant de ze-
le & de saincte eloquéce que tous les assistans
demeurerent ravis & comme en exstase tant
pour la nouveauté que pour l'energie & force
de la parole , laquelle leur avoit penetré jusques au cœur & centre de l'ame.

Sur l'heure on lui donne congé avec commandement à quelque officiers du Roy de le
mener en une des plus belles chambres du palais pour y estre traicté honorablemét au lieu
de prison,jusques à ce que le conseil eut reso-
lu ce qu'on en devoit faire.

Le lendemain , comme ils furent aux opi-
niõs,chacun admiroit son sçavoir, recognoissant la faulseté de leur Religion , avec grande
apparence que celle qu'il leur avoit anõcée,

estoit la vraie, & que si d'abondant , comme il
avoit dit, il la confirmoit par efficace de miracles, qu'il n'en faudroit plus nullement doub-
ter, ains la tenir pour vraie & par consequent
digne d'estre creuë & suivie, & la leur totalement delaisée : Mais pource que remüer telle
pierre en matiere d'estat , estoit dangereux,
il failloit premierement le laisser prescher &
attendre que le peuple requist lui mesme de
leur vouloir permettre d'embrasser cette Religion.

La resolution prise l'un des Senateurs fut
chargé lui porter la permission de pouvoir
prescher le lendemain en la place publique
devant le grand Temple de Iupiter, le priant
effectuer ce qu'il avoit promis, que pour eux
ils estoient desja comme persuadez qu'il leur
apportoit la cognoissance de leur salut &
vrai cult divin, se recommandant au surplus à
ses bonnes prieres.

Vous pouvez penser quelle rejouissance
vint à saisir l'Esprit de cest homme de Dieu,
voiant que par une seule exhortation le sainct
Esprit avoit tellement operé que tout ce grãd
Royaume estoit pour estre tout d'un coup
converti à la foi ; Il se prepare donc toute la
nuict en prieres jeusnes & oraisons , suppliant
la divine Majesté qui l'avoit conduit à si bon

port, qu'il lui pleuſt couronner ſon labeur de l'entiere converſion de tous ces peuples, & vouloir qu'au l'endemain toutes ſortes de miracles feuſſent faicts devant cette grande aſſemblée afin de ſeeller la doctrine de ſa pre-dication, & l'imprimer vivement au cœur de ces pauvres payens.

Les nouvelles ne feurent pas pluſtoſt ſe-mées par la ville de ce qui ſe devoit faire le lendemain que la plus grande part ſe trou-va en la place devant jour avec les malades, eſtropiés, aveugles, hydropiques, paralitiques, epileptiques, & autres perſonnes touchez de maladies incurables.

Les Senateurs & deputez des Provinces s'y trouverent auſſi, mais en habits deſguiſez, de peur d'eſtre recognus, pour voir ſi ce ſaind homme feroit les miracles qu'il leur avoit promis.

L'heure venue, il s'en va ſur la place acco-pagné des huyſſiers & ſergens du Preſident, de peur qu'il ne feuſt offencé, ne preſſé, eſtant arrivé ſur le haut des degrez de ce grand té-ple, il monte en une chere qui lui avoit eſté preparée, la ou apres avoir fait la priere, il leur fait une predication de l'occaſion de ſa venue en ces païs continuant le ſubject dont il avoit parlé devant le Senat, mais avec autres paroſes & raiſons, tellement qu'encore que la choſe fuſt ſemblable, toutesfois il ſembloit qu'elle fuſt differente.

Ce peuple autant ravi en admiration qu'a-voit eſté le Senat, donne de plein ſaut lieu à la verité diſans tous d'une voix que ceſt homme eſtoit divin & que leurs Preſtres n'eſtoient qu'abuſeurs & ignorans.

Venant en bas apres la predication, il fit une ſeconde priere à Dieu, le ſuppliant vouloir par ſon miniſtere eſtendre ſa grace & don de gueriſon ſur ces pauvres malades, les gueriſſant de toutes leurs infirmitez, afin que ſon grand nom ſoit glorifié & la verité du S. Evangile confirmée.

C'eſte priere achevée, il touche tous les malades qu'on lui preſente, leſquels receurent incontinent entiere gueriſon & s'en alloient glorifians Dieu, de façon qu'en ce iour feurent, gueris, environ mille malades & trois morts refuſcitez.

Le Senat & le peuple aiant veu ce qui s'eſtoit paſſé feurent tellemeut eſtonnez & ravis enſemble, qu'ils s'allerent ietter à ſes pieds, mais il les releva, leur remonſtrant que de lui ne pouvoit aucune choſe, mais que c'eſtoit Dieu au nom de ſon fils Ieſus Chriſt, lequel avoit fait toutes ces choſes pour confirmer la

verité qu'il avoit preſchée , que partant c'eſ-
ſtoit à lui à qui il en devoient rendre graces
infinies & non à lui qui n'eſtoit que pauvre
pecheur, qu'il ſe falloit convertir deſormais
de ſa mauvaiſe vie peſſée & croire en lui , e-
ſtant tout ce qu'il deſiroit de nous pour tant
de ſignalez benefices que nous recevons jour-
nellement d'icelui.

Sur l'heure il eſt mené avec applaudiſſe-
ment en un beau logis accompagné des plus
grands de la ville auquel il eſt non ſeulement
careſſé & honoré, mais quaſi adoré.

Le Senat voiant la doctrine Chreſtienne
verifiée par miracles , s'aſſemble à la meſme
heure & decrette qu'on quitteroit le ſervice
des Idoles pour embraſſer celui du vrai Dieu,
Mais que premierement ce grand perſonnage iroit preſcher par toutes les villes capitales
du Royaume apres avoir demeuré un mois
en ce lieu, afin que tous les peuples de leur
obeiſſance ne penſaſſent que ce ne fuſt une le-
gereté & conſtance qui les euſt portez à ceſte
nouvelle Religion, mais qu'eux-meſmes par
le moien de la predication & des miracles,
fuſſent perſuadez à la deſirer & requerir comme neceſſaire à leur ſalut.

Le mois accompli, il eſt envoié avec deux
des Senateurs en toutes les villes capitales

des Provinces, leur commandât de le digne-
ment recevoir, non comme personne envoiée
de leur part , mais de celui qui a fait toutes
choses.

Le tour du Royaume estant fait en dixhuict mois, avec un extreme contentement
de tous les subjects, lettres furent envoiées à
leurs deputez pour supplier le Roy & le Senat
vouloir admettre ceste vraie façon de servir à
Dieu, accompagnie de tant de vertus & miracles, & rejetter & abolir entierement les idoles, chasser leurs devins, Prestres & abuseurs.

Ce que le Senat qui ne desiroit autre chose, ordonna : Incontinent est fait par le conseil & advis de ce sainct zelateur & serviteur
de Dieu en la maniere que s'ensuit.

Comme les idoles furent ostées & le vrai service
divin establi.

CHAP. II.

'ARREST du Senat publié par
toutes les Provinces, on osta toutes les idoles des temples, les ser-
rant en certains lieux, d'autant que
l'abus osté, il faschoit à ces Seigneurs que tant

de belles figures & tableaux, qui pouvoient
ſervir d'ornemés aux edifices publics, & maiſons particulieres, fuſſent briſées, & ruinées
du tout. Auſſi toutes les inſcriptions miſes à
l'honneur des faux Dieux furent effacées, &
en leurs places colloquez des plus preignans
paſſages tirez de l'Eſcriture, à l'honneur du
ſouverain Dieu, contre l'erreur qu'ils tenoiét,
puis furent fabriquez des bancs tout à l'entour à mode d'amphitheatre, & d'autres par le
milieu entrecoupez par allées pour aſſeoir les
femmes, il y en a d'autres pour le Clergé, &
auſſi une haute chaire pour l'Eveſque, de la
façon que nous deſcrirons ci apres.

Tous les temples eſtans repurgez & ornez
de tout ce qui eſtoit neceſſaire au ſervice divin. Ce grand perſonnage Byrachil prie le
Senat qu'il lui vouluſt declarer quelle eſtoit
la police civile de leur eſtat, avec ſes circon-
ſtances & dependances, afin que ſelon icelle
il regardaſt d'eſtablir auſſi l'Eccleſiaſtique, ce
que lui eſtant gratieuſement accordé, & aiant
bien compris & entendu le tout, il leur dit
comme il recognoiſſoit veritablement que
Dieu avoit eu en tout temps un particulier
ſoin de leur Republique, la voiant tant heu-
reuſement poliſſée, qu'il ne leur manquoit
plus que les derniers traicts de perfection, que

la vraie Religion y avoit adjoufté : Partant qu'il trouvoit expedient mettre un Evefque en chafcune des fix vingts capitales villes, qui feroit fa refidence pres du plus grand temple avec fon Clergé , pour y celebrer le fervice divin , & avoir efgard & authorité fur toutes les autres petites villes & paroiffes qui dependroient de fon Diocefe , & d'autant qu'il feroit mal-aifé qu'un homme feul peuft avoir l'œil fur tant de Pafteurs, qu'il y auroit de dix en dix paroiffes un Suffragant ou Archipreftre lequel auroit efgard fur leurs mœurs & doctrine , refidant au milieu d'iceux, les vifitant une fois le mois pour faire rapport à l'Evefque de leur comportement, devant lequel ils comparoiftroient une fois l'année aux feries de Pafque, lefdits Pafteurs & trois Anciés de chafque paroiffe, pour tefmoigner de leur vie, mœurs & doctrine, afin que felon ce qu'ils fe feront comportez en leurs charges , ils receuffent louanges dignes de leurs merites, ou bien les blafmes & chaftimens s'ils avoient defervi, dont le plus grâd feroit la depofition de leur dignité, car s'ils commettoient quelque crime contre les ordonnances & loix civiles , l'Evefque n'en prendroit aucune cognoiffance, d'autant qu'il ne doit avoir efgard que fur les chofes purement Ecclefiaftiques,

mais le magiftrat qui les chaftieroit beaucoup
plus rigoureufement, que les Laics, d'autant
qu'aians efté mieux inftruicts, & aiant d'avan-
tage de cognoiffance de la vertu & pieté, s'ils
venoient à faillir, font d'autant plus repre-
henfibles & dignes de punition.

Des premiers Evefques qui furent ordonneȝ, de leur
fuitte & Clergé,& des Suffragants & Cureȝ.

CHAP. III.

Es fix vingts Evefques eftans choi-
fis d'entre les plus doctes & mieux
inftruicts felon qu'on peut trouver
entre ceux qui alloient accompagner ce fainct homme aux Provinces aufquelles outre les predicatiõs & admonitions
ordinaires leur faifoit leçon tous les jours fur
les principaux poincts de la foi, laquelle le S.
Efprit engravoit de telle façon en leurs ames
qu'il s'en trouvoit desja de fort doctes, aians
efté auparavant inftruicts en toutes fortes de
fciences & liberales difciplines.

Des autres qui n'eftoient fi fçavans, les
plus doctes furent mis Archipreftres ou Suffragants fur dix paroiffes : Les auttes fimples

Pasteurs & Curez.

Les Escoliers, & ceux qui commençoient
à entendre les rudimens de la foi, furent departis aux Evesques pour les assister aux services divins, & achever de les faire instruire
par les Docteurs Theologiens qui lisent en
chasque Evesché, pour apres l'examen fait de
leur vie & doctrine, estre envoiez aux paroiſ-
ses, lors que les Curez d'icelles viendroient à
deceder, tout ainsi qu'apres la mort d'un E-
vesque, le Concile qui s'assemble tous les
ans en Sangil aux festes de May, eslit des plus
doctes Archiprestres ou Curez qui soient au
Royaume pour succeder à la place des dece-
dez.

Les escholiers sont en nombre de cinquante, estans nourris, vestus & entretenus des
choses necessaires, par l'Evesque, auquel pour
cest effect est donné du public deux cens
livres pour chascun d'eux; Ils ont un Prestre
superieur sur chasque dixaine, homme docte
& de bonne vie, tant pour avoir esgard sur
leurs estudes, que sur leurs mœurs, jusques à
ce qu'ils soient pourveus ou mariez. Car le
mariage, selon l'ordonnance divine, leur est
indifferent.

Quant aux Curez, ils sont seulement assi-
ſtez de leurs Vicaires, si ce n'est que la ville ou

bourg soit tellement riche, qu'elle puisse entretenir nombre de Prestres, lesquels sõt tous
subjets au Curé, comme lui à l'Evesque &
Archiprestre : Car pour obvier aux desordres
& confusions, nul estat & office n'est en ce
païs sans superiorité.

Des habits des Ecclesiastiques.

CHAP. IV.

TOVT ainsi que ce sainct hõme Byrachil (colomne de foi & de pieté)
avoit jugé que l'ordre estoit tres-ne-
cessaire & convenable à l'Eglise de Dieu, il
jugea aussi que les ornemens & habits Ecclesiastiques y apporteroient du respect & digni-
gnité. Car combien que le sçavoir & elegan-
ce soient esgaux en un pauvre & miserable
mal vestu, & en un riche paré de tous ses ve-
stemens precieux, venant à haranguer ne soit
beaucoup mieux receu & escouté, que le pie-
tre & mal vestu.

Ce fut ce qui l'occasionna de vouloir que
tous les Evesques & tout le Clergé fussent
non seulement distinguez du commun par le
sçavoir & bonne vie, mais encore par les ha-

bits, marques & fignes de leur dignité & profeſſion.

Il ordonna donc que l'Eveſque feroit veſtu
d'une longue robbe de farge violette pour-
prée , à manches eſtroites, avec boutons par
devant, couverte de croix de branche de palme & d'olivier en broderie de foie, d'or &
d'argent, le chappeau de meſme couleur, orné d'un cordon blanc, brodé auſſi d'or & d'argent, la foutane, bas de chauſſes & fouliers
font de meſme couleur: Allant au temple, il
a un furpelis à manches larges, qui va juſques
au genoüil, couvert de croix de palme & d'o-
livier en broderie d'or & de foie cramoiſie
entremeſlée de Cherubins. Ce qui les rend
venerables & fait refpecter à tout le peuple.

Quant au Clergé , il eſt veſtu de robbes
longues de farge de meſme couleur que celles des Eveſques, mais de moindre valeur a-
vec une croix de fatin blanc , mipartie droit
fur la poictrine, le chappeau de meſme couleur, entourné d'un cordon de crefpe blanc,
& d'une croix au lieu de rofe.

Quand ils vont au temple , ils portent le
fimple furpelis à manches eſtroictes fans aucunes figures.

Les Curés font veſtus de meſme que l'E-
veſque, mais au lieu de croix & cherubins en

broderie, ils ont seulement une croix de soie
cramoisie de figure de palme & d'olivier, le
surpelis a une croix devant & derriere de soie
cramoisie & violette, le chappeau de mesme
couleur avec un cordon de soie violette cramoisie, sans aucun or ni argent pour les distin-
guer d'entre les Evesques.

De la fabrique des Temples des Idoles ausquels main-
tenant se celebre le service divin.

CHAP. V.

LEs Temples qui estoient dediez
au service des faux Dieux selon la
richesse des lieux estoient fort ma-
gnifiquement fabriquez avec portiques & toutes sortes d'ornemens, leur figure estant en ovale de quelque cent, ou centcinquante pieds de large, & la longueur à proportion avec quelque centcinquante pieds
de haut, couvert de charpenterie de cedres &
sapins liez par coupes de telle façon qu'encore que l'espace soit grand, il n'en arrive iamais
aucune faute, & si ce n'estoit la crainte que
j'ai de me trop esloigner de mon principal su-
iect j'en escrirois la façon plus au long, ce qui

pourroit de beaucoup servir aux ingenieux
Architectes & Charpentiers.

Le fond de ces planchers est tout fait de
parquetage & renfoncemens de menuserie
dorée & dans les intervales de belles & excellentes peintures, il y a des portiques au devant & de grandes Cloistres & galeries tout
autour appuiées sur grosses colomnes de marbre & de iaspe de plusieurs couleurs accompagnées de leurs chapiteaux, arquitraues, fri-
ses & corniches de mesme estoffe, mais celui
qui excelle le plus en toute perfectiõ de cimé-
terie & architecture, c'est celui de la ville
Royale estant en ovale comme les autres, &
de deux cents pieds de large & soixante
de hauteur d'ordre Corinthe par dedans &
par dehors auec pylastres & colomnes de porphyre de la mesme hauteur, soustenant une
Corniche aussi de porphyre qui va regnant
tout à l'entour auec la frise à grands fueillages
& figures de bronze, chapiteaux & bases des
colomnes de mesme. Depuis les pylastres iusques aux dites colomnes il y a un espace de
vingt pieds par le dehors, lequel laisse un co-
ridor aux galeries vousté garni de parquetages de marbre ausquels sont au dedans peintures à la Mosaïque.

Quant aux carreaux de tout le temple ils

ſont faits de marbres de diverſes couleurs, leſquels repreſentent comme ſi c'eſtoient peinctures, divers compartimens, hiſtoires figures
& animaux, de façon qu'il n'y a quaſi perſonne qui ne face ſcrupule de mettre les pieds ſur
choſes ſi belles & artiſtement faictes.

Le deſſus eſt couvert de tuiles, ou grandes
placques de cuivre doré avec diverſes figures
& ſtatues de meſme eſtoffe ſur l'amortiſſemét
& tout à l'entour de la Corniche. Il y a des
Niches par dedans & par dehors entre les py-
laſtres, dans leſquelles eſtoient les figures des
Dieux & deeſſes qu'ils adoroient faites d'un
admirable artifice, les unes eſtoient de marbre & porphyre; Autres de bronze & d'argent
mais elles feurent oſtées, comme il a eſté dit.
Maintenant par le dedans au lieu d'icelles
ſont poſez douze degrez de menuſerie appuiez ſur forte charpéterie de la hauteur d'un
pied & demi accompagné chaſcun d'un por-
pitre diſtant deux pieds & demi de ce degré
afin de ſe pouvoir agenouiller pour prier.

Au bout de l'ovale vis à vis de la principale
porte, au deſſus du douziefme degré eſt la
chere de l'Eveſque & tout autour tirant à bas,
les ſieges des Eccleſiaſtiques diſtinguez par
une petite barriere & allée, devant eux ſont
les porpitres pour mettre les livres à chanter
la muſique

la mufique , & auffi en bas devant la chere, la table, où l'on communie à tenir vingt perfonnes faite de marbre exquifement elabouré.

Vis à vis au deffus la grande porte font de belles & magnifiques orgues, lefquelles rendent un fon merveilleufement harmonieux.

Aux deux autres coftez un peu plus haut que le dernier degré font deux galeries fouftenues fur confeles capables de tenir vingt perfonnes, aufquelles fe mettent les muficiens & joueurs d'inftrumens qui affiftent au fervice divin tous les dimanches & feftes folennelles. Voila à peu pres côme font fabriquez tous les Temples de ce Royaume quant à la cimmetrie, mais pour la grandeur & fôptuofité, ils font de beaucoup inferieurs.

Des logis & demeures des Evefques & Curez.

CHAP. VI.

T O V T contre & joignant ces Temples les Preftres des faux dieux avoient de tresbeaux & magnifiques palais, aufquels on a logé les Evefques, Clergé, & Archipreftres & Curez. Ceux des Evefques

M

font fort amples & capables.

En un cofté il loge avec fon train,& en l'autre fon Clergé par chambrée de dix en dix, comme nous avons dit, aiant d'ailleurs chafcun fon eftude.

En un autre endroit il y a une grande fale ou s'affemblent les Synodes & là où on examine les Curez & autres Officiers.

De furplus il y en à encore une en laquelle trois Theologiens lifent par chafcun jour.

En un autre endroit font logez les Muficiens, Organiftes & joueurs d'inftrumens.

Ceux des Curez font beaucoup moindres d'autant que n'aiant que peu de gens à loger, tels grands baftimens leur feroient inutiles.

De la maniere de celebrer le fervice divin & des Ceremonies.

Chap. VII.

L ne fe vit jamais aucune Religion, vraie ou fauffe, laquelle n'aie efté accompagnée de ceremonies. Auffi eft ce une chofe bien feante & qui apporte luftre, refpect & ornement : Tout ainfi que qui adjoufteroit quelque chofe de beau à une chofe rare & excellente, elle en feroit rendue de beaucoup plus prifée. Si cela fe praçtique aux aufles Religions, combien plus fe doit il faire en la vraie & Orthodoxe.

Il faut donc des ceremonies pourveu quelles n'excedent pas les termes & limites de la bien feance, & qu'elles ne contrarient & defogent aux preceptes divins, comme font celes que ceft homme de Dieu ordonna, dont a premiere fut, qu'en commemoration de noftre Sauveur, il y auroit une grande croix devant les temples fur la porte d'iceux.

Que l'Evefque fortiroit à quatre heures du matin de fon logis, fi l'eftude ne le retenoit, accompagné de fon Clergé en ordre, trois à trois devant lui au troifiefme coup de cloche, dont il y en a plufieurs qu'on fonne, non de la façon que nous faifons, fans ordre ne mefure, mais en mufique, refonnans Pfalmes & Can-tiques, eftans en un haut clocher, diftant de quarante pas du temple.

Eftant entré, il fe met à genoux en fa chaire, & fait oraifon à Dieu, puis on fe met à chater des Pfalmes, quoi fait, un de fes Suffragants ou Archipreftres fait l'exhortation du matin, puis on chante encore la paufe d'un Pfalme, laquelle achevée on donne la bene-

M 2

diction au peuple.

Apres, chaſcun ſe retire en ſa chambre pour eſtudier, juſques à neuf heures, leſquelles ſonnées, l'Eveſque retourne à l'Egliſe, en meſme ordre, chantans Pſalmes & Cantiques avec tous les Muſiciens, où arrivé, il preſche l'eſpace d'une heure.

Quand c'eſt jour de Dimanche & feſte ſolemnelle, les cloches commencent à ſonner devant jour, des Pſalmes, avec fort belle harmonie: Le Clergé & le peuple commence le premier verſet, & l'un des coſtez des Muſiciens que nous avons dit, entonne le ſecond verſet, puis le Clergé & le peuple le troiſieſme: l'autre coſté des Muſiciens le quatrieſme, puis encore le Clergé & le peuple, puis au ſixieſme les orgues, avec quelques voix & cornets à bouquin, & ainſi conſecutivement on va ſuivant tous les verſets du Pſalme, juſques au dernier couplet, lequel ils entonnent tous enſemble avec une melodie & accord nompareil.

Ce qu'eſtant fini, l'Eveſque fait une briefve action de graces, recapitulant quelquesfois les principaux poincts de ſa predication, laquelle faicte, on donne la benediction à tout le peuple, & s'en retourne en ſon logis avec tout le Clergé, chantans quelques Pſalmes & Cantiques.

Les trois heures venues en hiver, & quatre en esté, il revient au temple comme a esté dit ci dessus, là où au lieu de lui, un de ses Docteurs en Theologie, ou Suffragant, fait la predication comme lui au matin, laquelle finie, il s'en retourne en son logis, non seulement accompagné de son Clergé, mais aussi des plus honorables d'entre le peuple, où la table est mise pour vingt personnes, tant de ses amis, que des plus honnestes gens du Clergé, là où il ne se parle que de quelques points en Theologie, ou de quelque chose qui puisse edifier ceux qui sont presens, car la porte n'est jamais fermée à ses repas, à ceux qui veulent entrer, afin qu'à son imitation ils apprennent à reigler leurs tables, & à vivre frugalement, avec la modestie & sobrieté requise, à gens pies & devotieux.

Tous les autres Curez tiennent ceste reigle, horsmis qu'ils n'ont point de musique, le Curé & le peuple chantans tous ensemble.

Voila quant aux ceremonies & ordre. Passons maintenant aux principaux points de leur Religion.

M 3

De quelques principaux poincts de leur Religion.

CHAP. VIII.

PREMIEREMENT ils ne croiét que deux Sacremens, sçavoir est, le Baptesme & la saincte Cene, l'un qui nous lave du peché originel, nous donnant entrée au Royaume de Dieu, l'autre qui nous nourrit & unit avec Iesus Christ par le moien de son S. Esprit en toute sanctification.

Ils croient que sans les œuvres nul ne peut estre sauvé, & qu'il les faut necessairement faire qui veut parvenir à la vie eternelle, d'autant que bien que ce soit la misericorde de Dieu qui soit la cause efficiente de salut estât mis en liberté par le lavement du Baptesme, si est-ce qu'il requiert les bónes œuvres, comme estans signe & marque necessaire de la vraie foi (laquelle comme dit Sainct Iaques opere par bonnes œuvres) promettant remunerer jusques à un verre d'eau.

Il faut donc necessairement que qui veut estre en sa grace & avoir la vie eternelle, il prie qu'il supplée à ses defauts par ses infinis

merites. C'eſt pourquoi il faut courre inceſ-
famment, pour remporter le prix de la ſupernelle vocation que les violens ſeulement ra-
viſſent, de peur que ne nous confians trop en
la vocation ſupernelle, & par ce moïen n'ope-
rans point noſtre ſalut avec crainte, nous ne
ſoions en fin reprouvez.

On ne prie aucunement pour les deffunɟts,
ne croians point ceſte chimere de Purgatoi-
re, ni qu'il ſe puiſſe faire aucune ſatisfaction
par de là, car là où il n'y a plus de quoi paier,
de quoi peuvent-ils ſatisfaire? Et ſi eux meſmes ne peuvent contenter leur Creancier,
comment les autres paieront-ils pour eux?
Veu que c'eſt par la foi & repentance qu'on
ſatisfait à la juſtice de Dieu, & que par de là,
il n'y en a plus, mais toute fruition & jouïſ-
ſance de felicité pour les bons, & punitions
pour les mauvais.

La priere des Sainɟts treſpaſſez n'eſt auſſi
non plus en uſage, d'autant, diſent-ils, qu'il
nous eſt dõné un ſeul Advocat du Pere, pour
interceder pour nous, lequel promet nous e-
xaucer toutesfois & quantes que nous le prie-
rons en ſon Nom, de façon, diſent-ils, que ce
ſeroit grande folie, de laiſſer le certain, pour
courir apres l'incertain: ne ſachans ſi ceux
qu'ils prieroient ſont ſauvez, ni en quel lieu

ils ſont, ni s'ils oient leurs prieres, & que quã d
ils les entédroient, qu'ils ne ſont Mediateurs
ni Dieux, pour ſe trouver en tous endroits, &
qu'ils n'en ont aucun commãdement en l'Eſcriture.

Quant à la veneration & adoration de la
croix, & images des Sainéts, ils n'en parlent
aucunement: n'aians images, ſtatues, ni re-
preſentations dans les temples, ni auſſi dehors, horſmis la croix, pour marque & ſouvenance de la mort & paſſion de noſtre Seigneur Ieſus Chriſt, & non pour l'adorer.

Les jeuſnes & abſtinences y ſont comman-
dez aux veilles des grandes feſtes, comme
ſont ces quatre, l'Annonciation, Paſque, Pen-
tecoſte, Noel, ou nativité de Chriſt, & le premier jour de l'an, & aux grandes neceſſitez &
affliétions de l'Egliſe, d'autant qu'il n'y a choſe qui eſleve davantage l'eſprit à Dieu, que
l'abſtinence & ſobrieté.

Le Careſme, Vendredi & Samedi, n'y ſont
obſervez, mais chaſcun mange de ce qu'il
lui plaiſt indifferemment, la boulcherie &
poiſſonnerie eſtans ouvertes en tout temps
ſuivant la doétrine de l'Apoſtre.

Quant aux feſtes, ceux ſont ſeulement ob-
ſervées, auſquelles quelque grand myſtere de
noſtre ſalut a eſté operé, comme ſont les qua-

re premieres que nous avons dites, les autres non, l'oifiueté & parefſe eſtans rigoureuſement defendues, comme la racine de tout mal.

De la maniere de celebrer la ſainĉte Cene.

CHAP. IX.

Es jours de Cene qui ſont tous les premiers Dimanches des mois & grandes feſtes, les Eveſques & Curez apres la predication, chant des Pſalmes & lecture de l'inſtitution de la Cene, il deſcend de la chaire, prenant quatre Archipreſtres auec lui, ſe met en table, ſe communiant le premier, puis conſecutivement tous les Archipreſtres & le Clergé, puis les Anciens & ſurueillans ſur les troupeaux, qui ſont les Centeniers & Dixeniers civils, leſquels ſont preferez à ceſte charge à cauſe de leur probité & bonnes mœurs.

En ſuitte d'eux, le reſte du commun des hommes, puis les femmes. Toutes leſquelles perſonnes paſſans de la main droiĉte à la gauche de l'Eveſque, ſe metrent vingt à vingt à genoux devant la table du Seigneur, pour plus de reverence & de reſpect.

Ce fait, l'Eveſque prent le pain ſans le-
vain, taillé en pieces & morceaux dans de
grands plats d'argent doré couverts de ſerviettes, lequel le rompât & le donnant à toute la tablée, dit ces paroles.

Prenez, mangez, ce pain eſt la figure du
vrai pain celeſte, laquelle noſtre Seigneur Ieſus Chriſt a voulu honorer du tiltre & nom
de ſon corps, afin qu'en ce faiſant nous aions
ſouvenance qu'il eſt mort pour nous, & qu'en
ceſte foi, il nous donnera à jamais la parfaite
& entiere nourriture là haut aux cieux où il
habite.

Puis les Archipreſtres avec lui prenans les
calices qui ſont d'or, ou d'argent doré, ſelon
la grandeur & richeſſes des Egliſes, l'Eveſque leur dit,

Ce vin eſt la figure du ſang precieux de noſtre Seigneur Ieſus Chriſt, lequel a eſté reſ-
pandu pour le lavement de nos pechez, afin
qu'en aiant memoire, vos ames ſoient arro-
ſées & vivifiées eternellement.

On ne donne aucune aumoſne à la table,
pource qu'en ce faiſant il ſemble qu'on ache-
te ce don precieux de Dieu, & d'ailleurs que
l'aumoſne eſt comme forcée & pleine d'o-
ſtentation.

Pendant qu'on celebre la Cene, on chante quelque Pfalme, pour eflever les cœurs & les efprits à Dieu, tant les Preftres, que Muficiens avec les orgues & autres inftrumens de mufique.

La Cene achevée l'Evefque rend graces à Dieu, & donne la benediction.

De la maniere d'adminiftrer le Baptefme.

CHAP. X.

LEs jours de Dimanches ou de feftes folemnelles (car on ne prefche point fur fepmaine, afin de dôner temps & loifir aux Evefques & Preftres de bien eftudier) on apporte les enfans baptizer, tenans pour refolu qu'encores que les enfans viennent à mourir fans avoir receu le figne exterieur de la grace, qu'eftans nez de perfonnes fideles, ils font fauvez par une fpeciale grace de noftre Seigneur Iefus Chrift, le figne n'eftant rien, mais la grace fignifiée par icelui, laquelle donne le falut.

L'enfant donc eft prefenté tout nud par le pere, ou plus proches parens (car de parains & maraines il n'y en a point, d'autant que ce-

ste couftume n'a efté introduite en l'Eglife,
que lors qu'on n'eftoit baptizé qu'en aage de
difcretion, & que les infideles & Payens eftás
en aage d'homme venoient en la foi, afin d'at-
tefter de leur bonne vie & intention : Mais
maintenant qu'on donne le Baptefme aux
petis enfans , il n'eft befoin de cefte ceremo-
nie) l'Evefque, ou Curé , lui jette de l'eau fur
la tefte & fur le corps, en difant:

N. Ie te baptife au Nom du Pere,& du Fils,
& du fainct Efprit , felon l'inftitution du Seigneur. fans aucunes autres ceremonies.

La caufe pourquoi ils font defpouiller l'enfant, c'eft pour monftrer que dés noftre naif-
fance nous fommes defnuez de la grace de
Dieu, & que nous venons en ce lieu pour e-
ftre lavez du peché originel, eftre regenerez
& reveftus de la juftice de Chrift ; Ce qu'e-
ftant fait on encharge le pere, ou les plus proches parens de les bien faire inftruire en la
crainte de Dieu, lors qu'ils feront en aage.

Des Enterremens.
CHAP. XI

QVAND quelqu'un eft decedé, on
le vient annócer à l'Evefque, ou Curé du lieu,lequel avec fa compagnie,

& quelques uns du Clergé le vont accompagner à la sepulture.

Le corps eft couvert d'un drap blanc pour
demonftrer l'eftat d'innocence du fidele tref-
paffé , à qui Dieu n'a point imputé le peché,
aiant une croix de foie rouge par deffus, pour
demonftrer auffi qu'il a receu cefte faveur par
les fouffrances & effufion du precieux fang
de Iefus Chrift.

Tout au long du chemin qui eft affez long
(d'autant que tous les cymetieres font hors
de la ville contenans mille deux cens pas de
tour aux plus grandes , & aux plus petites
huict cens) on va chantant quelque hymne
touchant le mefpris de cefte vie,& exaltation
de la vie future & bien-heureufe , accordans
les voix avec les inftrumés de mufique d'une
façon trifte & lamentable.

Eftans arrivez à la foffe ou tombeau, on pofe le corps fur des treteaux, puis l'Évefque,
ou Curé à l'inftant fait une briefve oraifon en
la louãge du decedé, s'il y a matiere de louange, fi non, il prendra quelque lieu commun
de la mifere & briefveté de cefte vie, exhor-
tant un chafcun de n'en faire aucun eftat, finon comme en pafsãt, & que celui qui meurt
en Iefus Chrift , eft tref-heureux, fe repofant
de fes labeurs, & autres tels propos.

Cela fait, on met le mort au tombeau, puis on ſe retire en bon ordre ſans chanter, iuſques à la maiſon du decedé, conſolant ſes parens & amis. De là chaſcun s'en va chez ſoi.

Il eſt permis à tous ceux qui veuleut, edifier ſepulture au lieu public, ou privez, comme en leurs maiſons champeſtres, môtagnes, deſerts, ou autres endroits. Eſtimans entre eux la magnificence des ſepultures eſtre fort pieuſe & honorable.

───────────────────

Comme il n'y a point de pauures en ce païs ſelon qu'il a eſté ordonné en l'ancienne Loy.

Chap. XII.

E m'eſmerveille grandement voiant la gueuſerie & mendicité qu'on voit par toute l'Europe, & la mauvaiſe police qu'on obſerve; Vne infinité d'ignorans eſtimans qu'il ſeroit impoſſible de faire qu'il n'y euſt aucun pauvre, attendu l'inegalité des biens, le mauvais meſnage de beaucoup, & l'avarice & tyrannie des grands. Mais de combien ils ſe trompent, je le ferai maintenât apparoiſtre.

Sçachéz donc qu'il eft ordonné à tous les
Centeniers des paroiſſes, qui tiennent conte
& denombremét de la valeur des biens d'un
chaſcun, qui par conſequent ſçavent la pau-
vreté, ou richeſſes des maiſons, de prendre
garde aux vefves, pupilles, vieillards, pauvres
& eſtropiez, leſquels n'ont aucuns parens qui
aient moien de les retirer, nourrir & habiller,
car s'ils ont moiens ſuffiſans de ce faire, ils en
ſont chargez, & s'ils en font refus, ils ſont rigoureuſement chaſtiez, comme gens impies
& ſans charité : L'Apoſtre nous enſeignant
que celui qui n'a ſoin de ſa famille eſt pire
qu'un Ethnique & infidele qui a renié la foi:
Mais s'ils n'ont aucun ſupport, on adviſe combien il faut pour les nourrir & entretenir, éſ-
galant ceſte ſomme tant ſur nobles que ſur
ignobles à proportion des biens, comme on
fait des deniers publics, laquelle eſt miſe entre les mains du Centenier, pour la diſtribuer
& en rendre compte à fin d'année, devant
tous les habitans de la paroiſſe en preſence de
ceux à qui l'argent aura eſté delivré.

De cette façon il ne ſe trouve aucun pauvre, car ſi quelqu'un ne veut travailler apres
avoir eſté admonneſté par trois fois, on lui
met la main ſur le collet pour eſtre envoié en
la capitale ville de la Province, & de la aux

galeres, ou aux mines, auſquels lieux on leur
apprend à coups de fouets à faire ce que la raiſon & les remonſtrances n'ont peu faire.
S'il ſe trouve auſſi quelques vagabons qui
n'aient atteſtation du lieu d'où ils viennent
& la ou ils vont, ou qu'ils ne ſoient tom-
bez malades par les chemins, ou en autres
ſemblables deſaſtres, ils ſont apprehendez &
traictez de meſme que les faineans. Si auſſi il y
a du ſujet de demãder la paſſade, il faut qu'ils
s'addreſſent à la maiſon de l'hoſpital, ou ils
ſont traittez & couchez, & ainſi ils parfont
leur chemin juſques au lieu, où ils doivent aller, ſans qu'il leur ſoit licite ſe deſtourner de
leur chemin a peine d'encourir les peines que
deſſus. S'ils ſont malades, ils ſont penſez & ſe-
courus tout ainſi que les habitans du lieu.

Des hoſpitaux tant des Capitales villes, que des pa-
roiſſes.

Chap. XIII.

P Ar toutes les villes & villages il y
des hoſpitaux plus grands ou plus
petits ſelon le nombre de peuple &
la commodité des lieux.

Ceux

Ceux des grandes villes font rentez des Lé-
gats que les gens de bien ont laiffé.

Ceux des paroiffes, le font auffi en partie, ce
qui fe defpend davantage que le revenu , eft
paié par les plus riches jufques à fin d'année
que les fommes qu'ils auront paiées font efga-
lées fur tous indifferemment.

Tous ces pauvres hofpitaux ne font que
pour les pauvres malades du lieu , ou paffans
qui ne peuvent avoir moien d'eftre fecourus
chez eux.

Il y a un bon medecin en chafcun d'iceux
lequel fait les trois profeffiõs, fçavoir de Medecin Chirurgien & Apoticaire , d'autant
qu'en ce Royaume telles profeffions ne font
point divifées, auffi de verité qu'elle ne regardent qu'un mefme fubiect. Et de cette façon Hypocrate & Gallien avec tous les autres anciens Medecins l'ont exercée. Il faut
que tels Medecins apres avoir fait leur cours
qu'ils aient couru au moins cinq ou fix ans
par le Royaume & lieux circonvoifins en
exerçant la medecine avec les plus grands
perfonnages, aufquel il eft ordonné d'en prendre un certain nombre & ne leur rien celer
du tout ce qu'ils peuvent recognoiftre pouvoir fervir au corps humain, acaufe que les
Medecins qui ont feulement quelque theo-

N

rique telle qu'elle ſans avoir une parfaite cognoiſſance des cauſes & remedes propres des
maladies, commettent des grands erreurs au
prejudice des infirmes.

Quand ils cōmencent à entrer en ces charges ils peuvent eſtre aagez d'environ trēte ans
ils ſont gagez du public chaſcun de cent cinquante livres ſans eſtre ſujeɩts à autres choſes
qu'a penſer les pauvres; Car quant aux riches
ils paient le prix de la taxe ordinaire tant des
vacations que des remedes, leſquels ſont ap-
preciez par les Medecins iurez & Magiſtrats
des capitales villes, lequel prix les Medecins
n'oſeroient outrepaſſer ſur grandes peines.

Ils ont deux ſerviteurs qui leur aident à pre-
parer les remedes, cueillir les herbes, à donner
cliſteres, ſaigner & appliquer les medicamens
enſemble deux chambrieres ſages & pies leſquelles ſe mettent la dedans par devotion, s'e-
ſtās vouées du tout aux ſervices des malades.

La Nobleſſe ne cerche autres Medecins que
ceux-la, d'autāt qu'ils ſont treſ-ſçavans & ex-
perts, & n'eſt licite à autres Medecins eſtrangers & charlatans de pratiquer que ſous eux,
& qu'ils n'aient premierement fait preuve de
leur ſçavoir & capacité, leſquels eſtans ap-
prouvez, on leur permet, & s'ils ont quelque
beau & rare ſecret bien experimenté, il eſt

envoié au Prefident de la capitale ville de
la Province avec lettres & approbation des
Medecins , & là de nouveau eftans examinez & l'experience faite devant les Medecins
jurez,le Roy & le Senat lui donnent recom-
penfe digne d'un tel fecret, & d'autant qu'en
toute bône Republique il faut que les chofes
qui peuvent fervir à la côfervation du public,
foient communes,tous les ans on fait un cata-
logue de tels fecrets, lefquels font imprimez
avec les noms des autheurs,& envoiez en toutes les Provinces,afin qu'un chafcun s'en puiffe prevaloir à fa volonté.

Des Regens & Regentes qui font ordonnez par toutes
les paroiffes pour inftruire le commun,& de ce
qu'on leur apprend.

CHAP. XIV.

AVTANT que pour parvenir
à la pieté & obeiffance, il eft neceffaire d'eftre inftruict,ou de vive voix, ou par efcrit,

Quant à la vive voix , elle eft
plus rare, & un chafcun ne la peut entendre,
eftans les hommes doctes rares.

N

Quand aux livres, tous en peuvent avoir
& s'en ſervir comme de doctes precepteurs.
C'eſt pourquoi le Senat deſirant que tout le
peuple indifferemment ſelon l'ordonnance
divine fuſt rendu capable des preceptes de la
religion & de ceux de la police, d'autant que
cela eſtoit vtile, tant pour leurs ames, que
pour la côſervation de leurs perſonnes, biens
& facultez, ordonna qu'en chaſque paroiſſe
il y auroit un Regent, logé dans une maiſon
fabriquée exprés, en laquelle ſeroit une grande ſale aſſez capable pour contenir tous les
enfans du lieu, & auſſi autres chambres &
cour pour ſon logement, & que là on leur
monſtreroit premierement à bien lire, eſcrire,
jetter & calculer avec quelques preceptes
moraux, enſemble le Catechiſme & principaux poincts de la foi Ghreſtienne, & s'il ſe
trouvoit entre tous ſes diſciples quelque eſprit relevé, rare & excellent, tant en memoire, ſubtilité d'eſprit, que jugement, il euſt à le
denoncer au Centenier civil qui en donne
advis au Preſident, & ſelon le mandement
qu'il en reçoit, le fait mener en la capitale
ville, en laquelle eſt eſtabli un grand & fa-
meux College, où ſont entretenus pluſieurs
Docteurs en toutes facultez, où il y a un Maiſtre qui a ſoin d'adminiſtrer à la jeuneſſe que

le Roy entretient, la nourriture, habits & livres, & avoir efgard fur leurs mœurs & eftudes, fi tels jeunes gens n'ont moien de s'entretenir; Autrement leurs peres & meres font contrains paier leurs penfions & habits, & s'il advient qu'ils fe facent grands perfonnages aux arts & fciences, ils font faits Docteurs par tous les Colleges des villes capitales, de l'Academie & de la Cour, aux lieux de ceux qui decedent, & fi quelques uns eftans hors des Colleges n'ont affez de moien pour s'entretenir, le public leur donne cent livres, jufques à ce qu'ils foient promeus. Et d'autant qu'une Republique n'eft parfaite en laquelle les hômes feulement font fçavans & fages: Le Senat ordôna que les jeunes filles feroiét inftruictes par les paroiffes auffi bié que les garçôs. Et pour cet effet il voulut qu'en chafque bourg il y euft une autre maifô, en laquelle il y auroit une fage & honnefte femme qui monftreroit aux jeunes filles à lire & efcrire, jetter & calculer, enfemble le Catechrifme, & principaux poincts de la Religion, avec la mufique, afin qu'eftans ainfi bien inftruictes, elles puiffent mieux entendre non feulement ce qui eft de leur falut, mais auffi rendre l'honneur, refpect & obeiffance qu'elles doivent à leurs

maris, & estre plus propres à ce qui est de la
conduite & reiglement d'une maison.

Des mœurs & louable vie des Ecclesiastiques.

CHAP. XV.

VIVANT le precepte de l'Apo-
stre, qui veut que l'Evesque soit irre-
prehensible : Ce sainct personnage
Byrachil ordonna que nul Ecclesiastique ne
se dist superieur des autres Evesques & Curez, sinon pour l'ordre & bien seance seulement, se faisans plustost craindre, honorer &
respecter des siens par la bonté & sincerité de
leur vie, que par la rigueur des commandemens.

Il voulut aussi qu'ils fussét sobres & frugals,
ne mangeans que deux fois le jour.

La chasteté leur est fort recommandée sans
qu'il leur soit licite hanter famillierement autres que leurs femmes, meres & sœurs.

Les banquets leur sont interdits, si ce n'est
en lieux fort honnestes & modestes, & avec
personnes graves & d'autorité : Leurs propos
sont tousiours confits avec le miel de la saincte doctrine, sans se mesler beaucoup de ce

qui regarde les choses temporelles : Les jeux
& exercices ne leur sont permis, horsmis les
promenades avec leurs semblables, ou autres
personnes graves & qualifiez, encore faut-il
que ce soit en lieux esloignez du commun,
comme dans les cloistres, iardins & autres
lieux escartez.

Le dedans de leur maison est peu orné, mais
accommodé seulement pour la necessité.

Leurs femmes & tout leur petit train sont
aussi fort modestenent vestus.

Leurs enfans sont bien instruicts, ainsi qu'il
appartient à gens de leur profession.

Nul d'eux ne plaide ni chiquane, mais s'il y
a quelque procés, les Anciés de l'Eglise prennent la cause pour eux sans qu'il leur couste
aucune chose, d'autant que c'est bien raison
que ceux qui vueillent incessamment pour
nostre instruction, soient aussi soulagez des
autres affaires qui leur surviennent & que l'E-
glise les embrasse pour eux.

Les Evesques ont deux mille escus de pension du public pour entretenir leur train, recevoir les estrangers & reparer leurs logis outre la pension ordinaire qu'ils ont pour chascun estudiant en Theologie.

Les Archiprestres ont trois cens escus,
les Curez deux cents, leurs Viquaires six

N 4

vingts,& outre cela peuvent poſſeder le bien
de leur patrimoine,& auſſi ce qu'on leur veut
donner gratuittement tant par dons faits entre vifs,que par Legats ou fideconomis ; ſans
que pour cela apres leur mort il demeurent à
l'Egliſe,ains à leurs plus proches parens, ou a
defaut d'iceux, aux hoſpitaux craignant que
par ſucceſſion de temps,l'Egliſe eſtant pleine
de riceſſes ne ſe vienne à corrompre par bom-
bances,luxes & ſuperfluité.

Nuls Eveſchez,Archipreſtriſes, ne Cures
ne ſe changent,vendent,trocquent n'y ſe re-
compéſent en quelque ſorte que ce ſoit. Mais
ceſtui-la qui en eſt pourveu ſe comportant en
homme de bien,la tient toute ſa vie.

S'ils ont des affaires en quelque lieu ſoit
pour viſiter leurs parens, amis & alliez , ils y
peuvent aller à pied,ou à cheval,ainſi comme
il leur plaiſt ſans eſtre aucunement côtrainéts.

Leur couſtume ordinaire eſt aux jours
qu'ils ne ſont point occupez au ſervice divin,
leçons ou diſputes , aller viſiter les pauvres
malades des hoſpitaux pour les conſoler &
donner courage,ou voir les pauvres veufves
& orphelins les priſonniers & autres miſera-
bles affligez pour quelque choſe que ce ſoit.

S'il ſe trouve quelque querelle , ou diſpute
que les Centeniers ou Dixeniers n'aient peu

appaifer, ils y mettent la main, en les exhortāt
à la reconciliation, fi non ils les excommunie-
ront & priveront de la communion, qui eft
une dés plus grandes infamies qu'un Chreftiē
puiffe recevoir par de la.

Voila a peupres leur manieres & façons de
vivre laquelle eft louable & digne de perpetuelle recommandation.

*Du glorieux martyre de Byrachil difciple de Sainct
Thomas, fondateur des Eglifes de Dieu au
Royaume d'Antangil.*

CHAP. XVI.

TOVT ainfi que la ferveur & ze-
le d'amplifier l'Eglife de Dieu,
pouffoit les fainēts Apoftres à
traverfer toutes les contrées du
monde fans aucune apprehen-
fion, ou crainte de la mort, mais au contraire
faifant litiere de toutes chofes pour gaigner
Iefus Chrift, auquel abonde tout heur & felicité.

Leurs difciples pouffez d'un mefme efprit

firent auſſi fort peu d'eſtat de la leur, pourveu qu'ils acquiſſent au ſouverain Redem-
pteur les ames qui eſtoient autrement per-
dues.

Entre autres ce ſainct zelateur eſtant rempli du ſainct Eſprit apres avoir planté les Egliſes de ce Roiaume, & arrouſé de ſa ſaincte
doctrine par l'eſpace de huict ans, il voulut
paſſer aux Roiaumes circonvoiſins, Gentils
& Payens, pour les conquerir & unir à l'Empire de Ieſus Chriſt. Combien que le Roy, le
Senat, & tous les peuples le priaſſent inſtam-
ment les larmes aux yeux de ne les vouloir a-
bandonner : mais il ne fut jamais poſſible, e-
ſtant pouſſé par l'Eſprit à ſa derniere gloire.

Il part donc de la Cour accompagné de
beaucoup de gens de qualité, juſques hors du
Royaume, où apres avoir pris congé d'eux a-
vec mille pleurs & embraſſemens, il paſſe outre, accompagné de dix de ſes diſciples, parmi pluſieurs & diverſes contrées auſquelles
n'aiant faict beaucoup de fruict, il arriva finalement au Royaume de Patadarna diſtant
quelques cent lieuës d'Antangil, là où il ſe
mit incontinent à preſcher contre l'idolatrie
& meſchancetez de ce peuple, les plus de-
pravez de tout l'Orient.

Ce qu'eſtant rapporté au Roy, mauvais &

cruel, il le fait prendre, & sans vouloir ouïr
aucunement ses defenses & raisons, le fait
foüetter jusques au sang avec aucuns de ses
disciples, puis perseverant d'une constance
invincible à ses sainctes exhortations, en be-
nissant le sainct Nom de Iesus Christ, lui fit
trencher la teste.

Ainsi par ce moien il seella son ministero
du glorieux martyre, & attaint jusques au riche prix promis à tous vrais fideles qui auront
perseveré en toutes peines, travaux & labeurs
pour magnifier le sainct Nom de Iesus Christ
& edifier son Eglise.

*A Dieu seul sage, immortel & invisible, soit gloire
& honneur és siecles des siecles, Amen.*

FIN.

www.ingramcontent.com/pod-product-compliance
Lightning Source LLC
Chambersburg PA
CBHW072219270326
41930CB00010B/1914